Karin Schneider-Ferber

Heinrich in Canossa gedemütigt!

Wendepunkte der Geschichte

THEISS

Bibliografische Information der Deutschen Nationalbibliothek
Die Deutsche Nationalbibliothek verzeichnet diese Publikation in der Deutschen Nationalbibliografie; detaillierte bibliografische Daten sind im Internet über http://dnb.d-nb.de abrufbar.

Umschlaggestaltung: Stefan Schmid Design, Stuttgart, unter Verwendung einer Abbildung von Ullstein Bild (Heinrich IV. als Büßer vor Gregor VII., historisierender Stich des 19. Jahrhunderts).

Lektorat: Thomas Theise, Regensburg
Korrektorat: Karin Haller, Stuttgart
Gestaltung: Stefanie Silber, www.silbergestalten.de
Satz: Satzpunkt Ewert, Bayreuth
Druck und Bindung: Beltz Druckpartner GmbH & Co. KG, Hemsbach
Kartographie: Peter Palm, Berlin

ISBN: 978-3-8062-2338-5
Besuchen Sie uns im Internet: www.theiss.de

Inhalt

Anhang

Register

+++ Der Büßer im Schnee – ein König kniet nieder +++

Eisiger Wind fegt in der letzten Januarwoche des Jahres 1077 von den Abhängen des Apennin in die Poebene hinab. Die wie ein Adlernest auf ihrem Felskegel thronende Festung Canossa, südwestlich von Reggio Emilia gelegen, wird trotz der ungünstigen Witterung in diesen Tagen zum Schauplatz einer »unerhörten« Begebenheit. Der deutsche König Heinrich IV. marschiert auf sie zu. Sein Ruf ist ihm vorausgeeilt. Doch er kommt nicht als Herrscher und gefürchteter Feldherr, sondern als Sünder und Büßer, der um Vergebung für seine Verfehlungen bittet. Er sucht sie bei jenem Mann, der zu dieser Zeit als Gast auf der Burg Canossa weilt.

+++ Papst Gregor VII. ist ein ältlicher, knapp sechzigjähriger Herr, dem die Kälte mit jedem Lebensjahr mehr zu schaffen macht. Er steht am offenen Kaminfeuer, um sich die Hände zu wärmen und mit halb geschlossenen Augenlidern das so ereignisreiche vergangene Jahr Revue passieren zu lassen. »Der Apostel Petrus ist mein Zeuge«, murmelt der Oberhirte leise vor sich hin, »ich habe mich stets um Frieden und Gerechtigkeit bemüht«. Gregor mag gar nicht ans Fenster treten, denn er weiß, wer draußen auf ein Zeichen seiner Güte wartet. Heinrich, der König aus dem Hause der Salier, das schwärzeste Schäfchen aus Gottes großer Herde. Dieser Heißsporn, mit dem er sich seit über einem Jahr einen handfesten Machtkampf liefert, den er exkommuniziert und seines Amtes enthoben hat, treibt ihm regelmäßig die Sorgenfalten auf die Stirn. »Was ich fordere, ist doch nur das Recht der Kirche«, beruhigt sich Gregor selbst, »das Recht, die eigenen Amtsträger selbst zu bestimmen und den Einfluss der Laien auf die Belange der Kirche zu begrenzen. Schuldet nicht jeder aufrechte Gläubige mir, dem obersten Hirten und Stellvertreter Christi auf Erden, Gehorsam und Respekt? Zählt nicht auch jeder Fürst und jeder König vor Gott als einfacher Mensch, unterworfen seinem Gericht am jüngsten Tag? Ist es denn so eine Zumutung, auch von einem gesalbten König diese Gehorsamspflicht gegenüber dem Heiligen Stuhl einzufordern? Von meinen Bischöfen verlange ich sie doch auch, obwohl sie murren und sich gelegentlich störrisch zeigen.« Der alte Herr knetet seine rot gefrorenen Fingerspitzen. Dass ihn sein Sorgenkind nun auch noch vor Canossa abgefangen hat, passt ihm gar nicht in den Kram. Lieber wäre er der Einladung der deutschen Fürsten nach Augsburg gefolgt, um in einer Art Schiedsgericht über Heinrichs Zukunft als Herrscher zu entscheiden. Nun steht der voreilige Delinquent schon vor dem Burgtor und holt sich den Tod, wenn der oberste Seelenhirte nicht endlich christliche Barmherzigkeit walten lässt. Langsam und gebeugt geht der Papst zur Tür. Hat er eine andere Wahl? Er kann den Büßer im Schnee doch nicht ewig warten lassen.

Im zweiten Mauerring der stark befestigten Burg Canossa steht barfuß und im wollenen Büßerhemd ein athletischer Mann. Er ist jung, erst 26 Jahre alt, und sein guter Gesundheitszustand versetzt ihn in die Lage, der Kälte trotz dünner Bekleidung und fehlenden Schuhwerks standzuhalten. Seit drei Tagen bereits unterzieht sich Heinrich IV. diesem Buß- und Unterwerfungsritual, das seine Vermittler für ihn ausgehandelt haben. Gewiss – kein angenehmes Procedere, doch dem jugendlichen Herrscher ist in diesem Moment nicht allzu bang ums Herz. Die Initiative zur Aufnahme der Gespräche mit dem Papst ist schließlich von ihm selbst ausgegangen, und er hofft so eine Verbindung seiner Gegner im Reich mit der höchsten moralischen Autorität der Christenheit zu verhindern. Ein solches Treffen, für den 2. Februar 1077 in Augsburg geplant, würde ihn zum Verhandlungsobjekt machen und ihm keine politischen Spielräume mehr lassen. Allzu geschlossen steht die Phalanx seiner Gegner im Reich, allzu mächtig sind seine Widersacher, die nur darauf warten, ihn aus dem Amt zu drängen. Da sucht er lieber gleich den Ausgleich mit Gregor. Mit warmen Gefühlen denkt Heinrich an alle, die für ihn ein gutes Wort beim Papst einlegen: an seine Schwiegermutter Adelheid von Turin, an seinen Taufpaten Hugo von Cluny, an Markgräfin Mathilde von Tuszien, seine Verwandte, vor deren Burg er gerade steht. »Sie werden es schon richten«, denkt Heinrich, »sie werden den gestrengen Alten dazu überreden, mich vom Bann zu lösen.« Vor allem die fromme Mathilde pflegt ein enges persönliches Verhältnis zu Papst Gregor, sodass ihren Bitten ein besonderes Gewicht zukommt. Auf sie setzt Heinrich seine Hoffnung.

In diesem Moment öffnen sich die Flügel des Burgtores. Heinrich tritt ein und steht unversehens dem Papst gegenüber. Für eine Sekunde blicken sich die beiden Männer in die Augen: hier der prinzipientreue, sendungsbewusste, bis zum Starrsinn kompromisslose Oberhirte, da der junge, temperamentvolle, taktisch geschmeidige König, der zu Zugeständnissen allenfalls in Notlagen bereit ist. Die höchsten Repräsentanten der abendländischen Christenheit treffen im Burghof von Canossa aufeinander, doch es ist kein prunkvoller Staatsakt, der sie zusammenführt. Die Umstehenden werden vielmehr Zeugen eines ausgeklügelten Rituals. Der König wirft sich vor dem Papst mit kreuzförmig ausgestreckten Armen zu Boden, bis ihm der Papst mit den Worten »Sei nicht mehr verflucht!« aufhilft und seine Hand ergreift, um ihn in die Kirche zu führen. Friedenskuss, Messfeier und die Darreichung der Hostie vollenden das Zeremoniell.

Das Misstrauen begleitet jede Minute dieses Tages wie die allgegenwärtige Winterkälte. Der sittenstrenge Papst glaubt den Demutsgesten seines Seelenschäfchens nämlich nicht uneingeschränkt und stellt den König noch während der Messe auf die Probe. Er solle doch die Einnahme der Hostie zum Gottesurteil ausrufen, rät er ihm, wenn er reinen Herzens sei, könne er den Leib des Herrn gefahrlos genießen. Doch wehe dem verstockten Sünder! Heinrich erschrickt, berät sich mit seinen Getreuen und lehnt unter Ausflüchten dieses Ansinnen ab. Der Papst geht still über die Szene hinweg, doch zu retten ist der Tag von Canossa nun endgültig nicht mehr. Die Atmosphäre ist frostig und bleibt es auch während des Versöhnungsmahls, das Mathilde von

Tuszien den beiden Kontrahenten ausrichtet. Ein gemeinsames Mahl bedeutet im Allgemeinen den Auftakt zu einem friedlichen, ja freundschaftlichen Miteinander, doch davon sind König und Papst weit entfernt. Bei Tisch rührt Heinrich die Speisen kaum an, er sitzt missmutig und mit hängenden Schultern da und zerkratzt mit den Fingernägeln die Tischplatte. Nein, Canossa gereicht ihm nicht zum Ruhm. Er weiß, dass er seine Ziele nicht alle erreicht hat. Sicher, vom Bann ist er gelöst und in die Gemeinschaft der Gläubigen wieder aufgenommen – das stärkt zumindest für den Moment seine Position im Reich –, aber seine Vermittler haben vor der Absolution einen Eid für ihn geleistet, der ihm schwer im Magen liegt, denn er musste dem Papst freies Geleit ins Reich zusagen und den Vorsitz einer Fürstenversammlung zugestehen, bei der über seine, Heinrichs, Lebens- und Amtsführung erst noch ein Urteil gesprochen werden würde. Über seine weitere Zukunft als König ist daher auch nach dem Bußritual noch nicht endgültig entschieden.

So wird der Tag von Canossa kein Freudentag, kein Tag des Triumphes oder des dauerhaften Ausgleichs. Als die beiden hohen Herren abends getrennt in ihre Betten steigen, will bei keinem rechte Siegeslaune aufkommen. Gregor hat sich mit einem festen Vorsatz in seine Gemächer zurückgezogen: Er muss unbedingt seine Reise ins Reich fortsetzen und die Bedenken der Fürsten gegen König Heinrich hören. »Aufgeschoben ist nicht aufgehoben«, denkt er. »Gleich morgen schreibe ich den Mächtigen des Reiches einen Brief, um meine Lage zu erklären. Heinrich hat mich mit seinem Verhalten überrascht, und ich wäre als hartherziger Tyrann dagestanden, hätte ich ihn nicht vom Bann gelöst.« Er hofft, die Fürsten mit diesem Argument überzeugen zu können, denn diese werden über sein voreiliges Handeln kaum erfreut sein. Ihre Pläne hat Canossa vorerst einmal durchkreuzt. Aber auch der junge König sinkt nach diesem anstrengenden Tag müde in die Kissen. Hat er überhaupt etwas gewonnen? Ist er einer stabilen Herrschaft im Reich auch nur ein winziges Stück näher gekommen? Sicher, er hat eine der Hauptforderungen der Fürsten, die Lösung vom Bann innerhalb eines Jahres, erfüllt, aber kann er damit alle seine Kritiker zufriedenstellen? Und was ist mit dem noch ausstehenden Schiedsgericht? Auch König Heinrich fasst an diesem Abend ein festes Ziel ins Auge: Um alles in der Welt wird er dieses Treffen zu verhindern wissen, er wird sich keinem Gericht beugen, schon gar keinem unter päpstlichem Vorsitz, und er wird um seine Krone kämpfen. Notfalls auch mit Waffengewalt. »Im Zweifelsfall«, ist sich Heinrich sicher, »war der liebe Gott noch immer mit den stärksten Bataillonen.« Und ein listiges Lächeln huscht um seine Lippen.

+++ Der Tag von Canossa – Demütigung oder kluger Schachzug Heinrichs IV.? +++

Das Treffen zwischen König und Papst auf der Burg Canossa im Apennin gab von jeher Anlass zu Spekulationen. Wie die Burg im Schneegestöber, so versanken auch die Versuche, das Geschehen zu deuten, im Nebel der Geschichte. War der sprichwörtlich gewordene »Gang nach Canossa« eine Demütigung des Königtums oder ein geschickter Schachzug Heinrichs IV., um seine Handlungsfreiheit im Reich wiederzugewinnen? Und wer ging eigentlich als Sieger aus dem Kräftemessen hervor?

Der Kampf um die Deutungshoheit

Schon die zeitgenössische Chronistik zeigte sich uneins über die Bewertung des »Gipfeltreffens im Schnee«, bei dem nicht nur die Witterung, sondern auch die Atmosphäre unter allen Beteiligten ziemlich frostig gewesen sein soll. Während kirchliche Autoren gern die desolate Situation des Königs betonten, der mitten im härtesten Winter seit Menschengedenken über die verschneiten Alpenpässe gezwungen wurde, stellte die Lebensbeschreibung Heinrichs IV. seinen Zug nach Canossa als cleveren Schachzug dar: Der König habe den Papst mit seiner überraschenden Buße quasi gezwungen, ihn vom Bann loszusprechen, und erfolgreich eine Allianz der Fürstenopposition im Reich mit dem Oberhirten verhindert. Diese stark voneinander abweichenden Sichtweisen setzten sich unter den Historikern der folgenden Jahrhunderte kontinuierlich fort. Je nachdem, auf wessen Seite der jeweilige Interpret stand, ob auf päpstlicher oder weltlich-kaiserlicher, betonte er entweder die Demütigung des Königs im Schnee oder eben sein kluges Taktieren als gewiefter »Berufspolitiker«. Das 19. Jahrhundert unterstrich in besonderem Maße die Niederlage, die das Königtum vor Canossa erlitten habe – sie galt konservativen Autoren gar als nationale Schande und als Beweis für ein frech auftrumpfendes Papsttum. Das geflügelte Wort vom »Canossa-Gang« als Metapher für eine schlimme Erniedrigung machte die Runde.

Die Einteilung des Geschehens in Sieg und Niederlage ist allerdings nicht sehr hilfreich, denn sie übersieht, dass in den kalten Räumen von Canossa im Grunde nichts entschieden wurde. Politisch endete das Treffen in einem Patt, in dem sich keiner der beiden Kontrahenten als Sieger oder Besiegter fühlen durfte. Vielmehr erscheint die Szene eingebettet in die vielfältigen Umbrüche, die das 11. Jahrhundert bestimmten, Umbrüche, die lange vor Canossa begannen und lange nach Canossa noch nicht zum Abschluss gekommen waren. Sie markierten einen gesellschaftlichen, politischen und mentalen Wandel, der allmählich dazu führte, dass sich geistliche und weltliche Macht voneinander trennten und eigenen Entwicklungslinien folgten.

Eine Zeit der Umbrüche – das bewegte 11. Jahrhundert

Dieser tiefgreifende Umschwung vollzog sich auf unterschiedlichen Ebenen: Zunächst innerhalb der Kirche, die sich ausgehend von der Klosterreform des 10. Jahrhunderts auf ihre eigentlichen Wurzeln zu besinnen begann, nach spiritueller Erneuerung strebte und den Einfluss der Laien auf ihre Belange zurückzudrängen suchte. Allzu häufig und allzu heftig hatte die Welt mit ihren Verlockungen von Macht und Geld an die Türen der Klöster und Kirchen geklopft, sie in die irdischen Bezüge hineingezogen und damit für allerlei Irritationen gesorgt. Die reformfreudigen Kreise innerhalb der Kirche waren nicht mehr bereit, skandalöse Zustände wie Ämterkauf, Priesterehe und Laieninvestitur hinzunehmen. Letzteres, die Vergabe kirchlicher Ämter durch Laien, zu denen man zunehmend auch den König rechnete, gab dieser Umbruchphase auch den Namen »Investiturstreit«, obwohl es nie ausschließlich um das Problem der Einsetzung in geistliche Ämter ging. Den Anhängern der Kirchenreform lag ganz grundsätzlich an einer klareren Abgrenzung von weltlicher und kirchlicher Sphäre. Diese Grenzziehung musste sich in besonderem Maße auf das Verhältnis von Königtum und Papsttum auswirken, verstanden die Könige ihre Herrschaft doch als »gottgegeben« und mischten in der Personalpolitik der Kirche kräftig mit, wobei nicht nur Bischofs- und Abtstühle, sondern auch das höchste Amt der Christenheit, das Papsttum selbst, in ihr Visier geriet. Dem Reformpapsttum ging es darum, diese Zugriffe auf allen Ebenen abzuwehren, sodass die Frage der Ämterbesetzung zu einer Machtprobe zwischen weltlicher und geistlicher Gewalt anwachsen konnte. Die Durchsetzung der Kirchenreform bedeutete dabei auch eine Stärkung der päpstlichen Stellung, denn der Papst forderte nicht nur Gehorsam von seinen Bischöfen und Erzbischöfen in Fragen der Kirchendisziplin, sondern beanspruchte generell die geistliche Führerschaft über alle Laien, einschließlich der Fürsten, Könige und Kaiser.

Damit kam die zweite Ebene ins Spiel, auf der sich die Umwälzungen des 11. Jahrhundert abspielten, nämlich die hohe Politik. Das Königtum konnte sich bei der Legitimation seiner Herrschaft

Streiter mit der Feder – die Chronisten der Salierzeit

Um das Jahr 1078 spitzte der fromme Benediktinermönch Lampert von Hersfeld den Federkiel und schrieb mit viel Leidenschaft und gestützt auf die Arbeit seiner Vorgänger ein umfassendes Geschichtswerk von den Anfängen der Welt bis in die damalige Gegenwart, seine viel beachteten »Annalen«. Besonderes Augenmerk richtete er dabei auf genau jene unheilschwangeren Jahre, in denen Heinrich IV. sowohl mit den Sachsen als auch mit dem Papsttum in schärfste Auseinandersetzung geriet. Ausführlich schildert Lampert die dramatischen Geschehnisse einschließlich des Gangs nach Canossa, wobei er kein einziges gutes Wort am König lässt: Verschlagen, misstrauisch und hinterhältig sei dieser gewesen. Er formuliert seine Kritik an Heinrichs Amts- und Lebensführung so, wie sie die aufständischen Sachsen in den Verhandlungen mit der königlichen Seite immer wieder vorbrachten, und natürlich gaben für ihn die Vorgänge von Canossa die geeignete Folie dafür ab, den widerborstigen König besonders schlecht aussehen zu lassen. Diese stark subjektiv gefärbte Darstellung warf im Nachhinein die Frage nach der Glaubwürdigkeit der überlieferten Quellen insgesamt auf.

Tatsächlich stammen die meisten historiografischen Werke der Epoche aus der Feder von Klerikern, die der Kirchenreform nahestanden. Neben Lampert gehören die Chroniken Bertholds von Reichenau und Bernolds von Konstanz zu den ausführlichsten zeitgenössischen Quellen. Beide Mönche lebten und arbeiteten im vom Bürgerkrieg schwer heimgesuchten Südwesten des Reiches und bezogen als leidenschaftliche Parteigänger des Reformpapsttums Stellung. Während Berthold, dessen Reichenauer Kloster von Heinrich IV. zwei ungeliebte Äbte aufgezwungen bekam, zuweilen zu polemischer Schärfe neigt, tritt bei Bernold ein stärkeres kirchenrechtliches Interesse hervor, mit dem er die päpstlichen Positionen zu rechtfertigen sucht. Bernold, Sohn eines Priesters und dennoch entschiedener

Gegner der Priesterehe, wurde 1084 vom späteren Papst Urban II. zum Priester geweiht. Ab dem Jahr 1077 wandelte sich seine zuvor objektivere Einstellung zu Heinrich IV. in ein recht abschätziges Urteil, das die Verhärtung der Fronten in Schwaben während des Investiturstreits widerspiegelt.

Mit großer Erbitterung schrieb von Anfang an der Magdeburger Geistliche Bruno um 1082 sein »Buch vom Sachsenkrieg«. Da er zur engeren Umgebung Erzbischof Werners von Magdeburg zählte, der einer der erbittertsten Feinde Heinrichs IV. war, berichtet er sozusagen aus dem Epizentrum des sächsischen Aufstands. Dabei zeichnet er ein äußerst negatives Bild vom König, dem er wegen seines ungerechtfertigten Vorgehens gegen die Sachsen, aber auch wegen charakterlicher Mängel und zügelloser sexueller Ausschweifungen die Befähigung zum Herrscheramt rundweg abspricht.

Gegen diese »rabenschwarze Presse« hatten es die Parteigänger des Königs schwer. So machte sich ein unbekannter Dichter nach dem Sieg Heinrichs über die Sachsen 1075 daran, den siegreichen Herrscher in einem lateinischen Gedicht, dem »Carmen de bello Saxonico«, zu glorifizieren. Er rechtfertigt das Vorgehen des Königs, der nach der langen Zeit seiner Unmündigkeit wieder für Ordnung im Reich gesorgt habe, was ihm die Sachsen aber übel genommen hätten. Die eindeutig panegyrische Absicht wiederholt sich in Heinrichs Vita, die von einem unbekannten, vielleicht in Regensburg beheimateten Autor 1106 verfasst wurde, die den König ebenfalls als einen untadeligen Mann preist und die Schuld am Ausbruch der Querelen allein den aufständischen Fürsten zuschiebt. Da die Lebensbeschreibung erst nach dem Tod Heinrichs erschien, behielten Heinrichs Kritiker letztendlich Oberwasser. Das Schweigen der Quellen auf Seiten Heinrichs mag aber auch ein Hinweis darauf sein, wie unbeliebt der Salier bei seinen Zeitgenossen war.

nicht mehr allein auf das Gottesgnadentum berufen, wenn es in geistlichen Dingen dem Primat des Papstes unterworfen war. Mächtig und laut stellte das Jahrhundert die Frage, was einen König zu einem gerechten Herrscher machte, welchen Spielregeln er unterworfen war und bei welchen Vergehen er seiner königlichen Stellung verlustig ging. Von Beginn seiner Regierung an machte man Heinrich IV. nämlich schwere Vorwürfe wegen seiner persönlichen Lebensführung und seines Amtsverständnisses. Die Fürsten des Reiches pochten auf ein Mitspracherecht bei der Regierung des Gemeinwesens und fühlten sich berechtigt, ein Gottesgnadentum, das nicht mehr auf christlichen Werten beruhte, zu verwerfen. Im Notfall nahmen sie für sich in Anspruch, einen »ungerechten« König abzusetzen und einen neuen zu wählen, wobei sie den Papst als obersten Schiedsrichter in Fragen von Sitte und Moral anzuerkennen bereit waren. Die Vorstellung vom Reich als transpersonaler Größe, losgelöst von der Person des jeweiligen Herrschers, nahm hier erste Gestalt an. Die Fürsten fühlten sich mehr denn je als »Häupter des Reiches«, als die ehrlichen Makler der Politik, während dem Königtum mit seiner dynastischen Ausrichtung eher eigennützige Motive bei der Verwaltung des Reiches unterstellt wurden. Der Investiturstreit bedeutete daher nicht nur einen Prinzipienstreit zwischen »Kirche« und »Staat«, sondern eröffnete auch eine Grundsatzdebatte über die Rechtmäßigkeit von Herrschaft und über die Kontrolle der Mächtigen – ein höchst moderner und aktueller Ansatz!

Der Austausch von Argumenten und Gegenargumenten führte schließlich auf einer dritten Ebene zu tiefgreifenden gesellschaftlichen und mentalen Veränderungen. Beide Parteiungen, Reformanhänger wie Königstreue, mussten ihre Positionen argumentativ untermauern, wozu sie die Rechtswissenschaften bemühten, alte Texte neu interpretierten und neue Grundsätze formulierten. Eine Argumentation, die sich ausschließlich auf die Bibel bezog, genügte auf beiden Seiten nicht mehr. Während kirchliche Autoren das kanonische Recht ausarbeiteten und verfeinerten, mühten sich die königlichen Parteigänger um eine erste Aufarbeitung des römischen Rechts, das helfen sollte, königliche Vorrechte zu legitimieren. Um die jeweiligen Standpunkte in der Öffentlichkeit bekannt zu machen, entstand auf beiden Seiten eine vielfältige Streitliteratur, die beweist, wie lebhaft zu dieser Zeit um grundsätzliche Fragen gestritten wurde. Dieser Diskurs machte erstmals eine fortschreitende Rationalisierung des Denkens erkennbar, die eine vernunftmäßige Begründung des Glaubens einschloss.

Canossa als Zäsur

Am Ende der Machtprobe hatten sich Kirche und Welt ein gehöriges Stück auseinanderbewegt. Vorbei die Zeiten, als Kaiser und Papst noch zusammen Synoden leiteten und die Angelegenheiten der Kirchen in trauter Zweisamkeit zu lösen suchten, wie das zu ottonisch-frühsalischer Zeit zumindest phasenweise noch der Fall gewesen war. Zum großen Gewinner der Auseinandersetzung wurde das Papsttum, das sich als unumstrittene Größe an die Spitze der Kirchenhierarchie gesetzt hatte und seinen geistlichen Primat auf die weltlichen Herrschaftsträger selbstbewusst ausdehnte. Die Zukunft gehörte der päpstlich dominierten Amtskirche, die mit der Ausrufung des Ersten Kreuzzugs 1095 durch Papst Urban II. einmal mehr bewies, welch wirkmächtige und buchstäblich »bewegende« Idee ihr zur Verfügung stand, während das Königtum sich schwer tat, in gleichem Maße zu begeistern und seine Rolle in der Christenheit zu definieren. Das Kräftemessen zwischen den beiden Institutionen hielt das ganze Mittelalter hindurch an und wurde erst zu Beginn der Frühen Neuzeit mit dem Aufstieg der Territorialstaaten zu Gunsten der weltlichen Macht entschieden. Daher gehörten auch die Fürsten des Reichs zu den Gewinnern des Konflikts, die mit großer Beharrlichkeit dafür sorgten, dass das deutsche Königtum bis zum Ende der Epoche eine Wahlmonarchie blieb und ihr eigener Handlungsspielraum durch die Schwäche der Zentralgewalt umso breiter ausfiel.

All dies begann nicht in Canossa und wurde durch Canossa auch nicht entschieden. Aber in der Rückschau erscheinen all diese Entwicklungsansätze in der Szenerie vor dem Burgtor, in der der König als Büßer vor dem Papst auf die Knie sank, aufs Trefflichste fokussiert. Es standen sich eben nicht zwei gleichberechtigte Partner in einer Art Friedenskonferenz gegenüber, um den aus dem Ruder gelaufenen Konflikt zu entschärfen – eine These, die jüngst der Historiker Johannes Fried ins Spiel brachte –, sondern vor den Mauern der stark befestigten Burg traf ein sündiger Mensch auf seinen Seelenhirten, der ihm allein den Weg zum himmlischen Frieden weisen konnte. Die Macht zu binden und zu lösen kam dem Papst zu, nicht dem König, der um Absolution bat. Das Pikante an diesem Moment fiel auch schon den Zeitgenossen auf. Als Bischof Otto von Freising, der Enkel Heinrichs IV., über ein halbes Jahrhundert nach dem Ereignis eine Weltchronik schrieb, wähnte er sich schon am Ende der Zeiten, weil »Gottesstaat« und »Weltstaat« so sehr auseinanderstrebten. Die Kirche, so sein Vorwurf, habe beschlossen, »den König nicht als den Herrn des Erdkreises zu ehren, sondern als ein wie alle Menschen aus Lehm gemachtes, tönernes Geschöpf mit dem Schwert des Bannes zu treffen«. Wo hätte sich der König jemals besser als ein aus Lehm gemachter Mensch präsentiert als just vor dem Burgtor von Canossa?

+++ Rückblick: Der Kampf um »die Freiheit der Kirche« – innere Reform und politischer Konflikt +++

Im 11. Jahrhundert versuchte sich die Kirche an einer nach dem Idealbild der Urkirche ausgerichteten »Rundum-Erneuerung«. Die gestiegenen Ansprüche an Auswahl, Berufung und moralische Integrität des kirchlichen Führungspersonals liefen jedoch dem Machtanspruch der Könige und Kaiser nach freier Hand in ihrer Personalpolitik zuwider. Das Schlagwort von der »libertas ecclesiae«, der »Freiheit der Kirche« vom Einfluss der Laien, erhielt daher rasch eine politische Dimension und mutierte zum Kampfbegriff.

Das Ringen der Kirche um Glaubwürdigkeit

Wenn der ehrwürdige Kardinal Humbert von Silva Candida daran dachte, wie so mancher hohe Kleriker in sein Amt geraten war, dann trieb es ihm einfach nur die Zornesröte ins Gesicht. Konnte es sein, dass sich der Adel so schamlos in die inneren Angelegenheiten der Kirche einmischte und Pfarrer, Äbte, Bischöfe nach eigenem Gutdünken einsetzte? Nun war es aber genug! Zwischen 1057 und 1059 setzte sich der einstige Benediktinermönch an den Tisch und schrieb sich in einer grundlegenden Schrift, den »Drei Büchern gegen die Simonisten«, seinen Zorn von der Seele: Es könne und dürfe nicht sein, dass Laien über geistliche Ämter verfügten. Auch der König sei nichts anderes als ein Laie und damit in keiner Weise berechtigt, Bischöfe in ihre Diözesen zu berufen. Kein Mensch erhalte von einem anderem eine Wohltat umsonst, und wenn schon kein Geld bei der Ämterbesetzung flösse, dann träten eben andere Abhängigkeiten ein wie die Verpflichtung zu Hofdienst und Schmeichelei – Teufelszeug für den streng reformorientierten Kardinalbischof, der am päpstlichen Hof in Rom die Rolle eines »Chefideologen« übernahm. Jeder Eingriff in die kanonische Wahl durch Klerus und Volk der Ortsdiözese erfüllte für ihn den Tatbestand der Simonie, des Ämterkaufs, der schon seit den Tagen Papst Gregors des Großen (590–604) verboten war. Am meisten ärgerte sich Humbert aber über die Tatsache, dass die Könige ihre Kandidaten mit den geistlichen Symbolen Ring und Stab in ihr Bischofsamt einsetzten. Welch grobe Anmaßung kam doch darin zum Ausdruck! Als ob ein weltlicher Herrscher die bischöfliche Hirtengewalt vergeben könnte!

Mit seiner harschen Kritik an der gängigen Praxis der Laieninvestitur traf Humbert von Silva Candida ganz den Geist seiner Zeit, auch wenn die Schärfe seiner Polemik noch überraschte. Doch dass sich die Welt mit ihren irdischen Belangen so stark im Hause Gottes breitmachte, das erregte schon seit längerem den Unmut frommer Zeitgenossen. Die Verfügungsgewalt des Adels über kirchliche Einrichtungen blickte auf eine lange Tradition zurück, denn sie wurzelte im frühmittelalterlichen Eigenkirchenwesen. Ein Stifter, der auf seinem Grund und Boden eine Kirche oder ein Kloster errichtet hatte, nahm ganz selbstverständlich für sich in Anspruch, bei der Stellenbesetzung dieser Institutionen ein Wörtchen mitzureden. Das war nicht nur im Reich, sondern auch in Frankreich, England und Italien üblich, wo Adel und Königtum ebenfalls bestimmenden Einfluss auf die kirchliche Personalpolitik hatten. Die hochrangigen Laien wählten ihr klerikales Führungspersonal natürlich nach ganz anderen Gesichtspunkten aus als nur nach der geistlichen Eignung. Da mussten Familienangehörige versorgt, treue Parteigänger entschädigt, politische Loyalitäten bedacht werden. Nicht immer kam daher der beste Anwärter zum Zuge, sondern eher der politisch Genehme, sodass die Personalauswahl in der jeweiligen Pfarrei, Diözese oder Abtei zuweilen sogar auf heftige Ablehnung stieß. Der Einfluss der Welt schadete Mutter Kirche offensichtlich mehr, als er ihr nutzte, und so sehnten sich mehr und mehr aufrechte Gläubige danach, die Kirche auf ihre ursprüngliche Freiheit, Schlichtheit und Frömmigkeit zurückzuführen.

Die Suche nach spiritueller Erneuerung und einem am Vorbild der Urkirche ausgerichteten apostolischen Leben ergriff bereits im 10. Jahrhundert weite Kreise und wirkte sich zunächst einmal auf die Klöster aus. Das burgundische Kloster Cluny, gegründet um 910, machte den Anfang: Es verpflichtete seine Mönche zu einem streng asketischen Leben, zu unablässiger Gebetsleistung und zur völligen Konzentration auf Gott. Die Forderung nach einer strengen Beachtung der Benediktinerregel verband sich dabei mit dem Bestreben, Einflüsse von außen abzuwehren und die freie Abtwahl zu garantieren. Der Stifter Herzog Wilhelm von Aquitanien verzichtete daher nicht nur freiwillig auf seine eigenen Rechte an dem Kloster, sondern bestimmte zugleich, dass die Mönchsgemeinschaft aus der Disziplinargewalt des Ortsbischofs gelöst und direkt dem Heiligen Stuhl in Rom unterstellt wurde. Die Abtei war nun »exemt«, also vor jeder weltlichen und bischöflichen Einflussnahme geschützt. Dieses Modell machte bald Schule. Immer mehr Klöster schlossen sich entweder Cluny an oder verfolgten ihre eigenen Reformansätze. Viele Menschen strömten diesen neuen Klöstern in dem Bemühen zu, neue Wege der Christusnachfolge zu beschreiten und dem Himmelreich dadurch ein Stückchen näher zu rücken. Für das Reich wurden das lothringische Kloster Gorze und das Schwarzwaldkloster Hirsau zu Ausgangspunkten der Reform – beides Klöster, die ihrerseits eine Reihe von Tochter- und Filialklöstern gründeten und damit umfassende Klosterfamilien bildeten. Immer stärker wirkten die wie Pilze aus dem Boden schießenden Reformklöster mit ihrer Forderung nach strenger Zucht und Disziplin auf ihre Umgebung. Denn allen gemeinsam war die Besinnung auf die alten benediktinischen Ideale, das Streben nach strenger Askese, die Beachtung der Fastentage und die Hinwendung zu Gebet und Messfeier. »Was soll ich sagen von der strengen Abtötung der Sinne, von der Disziplin im Einhalten der Regel, von der Ehrfurcht vor dem Kloster und vom Stillschweigen?«, schrieb bewundernd der Kirchenreformer Petrus Damiani über die Mönche von Cluny. »Außer im Notfall wagt es niemand, zur Zeit des Studiums, der Arbeit oder der geistlichen Lesung im Kreuzgang umherzugehen oder zu reden.«

Bald schon löste sich die Forderung nach einem moralisch einwandfreien Lebenswandel des Klerus aus dem engen Bereich der Klostermauern und begann sich auf den Weltklerus auszudehnen, der es bis dahin mit der Beachtung des Zölibats nicht sonderlich genau genommen hatte. Viele Landpfarrer lebten schon allein aus wirtschaftlichen Gründen mit einer Frau zusammen, auf deren Mithilfe in Haushalt und Landwirtschaft sie nicht verzichten konnten. Unter dem Eindruck der um sich greifenden Klosterreform gerieten nun auch sie ins Visier sittenstrenger Moralisten. Dafür ließen sich auch gute Gründe aus der Bibel und der frühchristlichen Tradition ableiten, hatte doch das Matthäus-Evangelium einst die Ehelosigkeit »um des Himmelreiches willen« dem ehelichen Zusammenleben als qualitativ höherwertige Lebensform vorgezogen, sodass bereits in der Spätantike Stimmen laut geworden waren, die den Klerus zu einem Leben in Keuschheit und Enthaltsamkeit anhielten. Mit der praktischen Umsetzung dieser Forderung ließ man sich allerdings viel Zeit. Erst zu Beginn des 11. Jahrhunderts ging man daran, die alten Ideale mit Leben zu erfüllen: 1022 bekräftigte ein Konzil in Pavia das Zölibatsgebot

Simon, der Magier

Mit dem Begriff »Simonie« brandmarkte die Kirche den Ämterhandel in ihren Reihen. Grundlage dafür war Apostelgeschichte 8,9 ff., wo über einen Magier namens Simon berichtet wird. Dieser soll Petrus während einer Predigtreise in Samaria Geld geboten haben, um die Fähigkeit zu erlangen, den Heiligen Geist herabzurufen. Doch Petrus wies ihn brüsk ab und verfluchte ihn. Aus dieser Verfluchung folgerte man später, dass jeder Handel mit kirchlichen Ämtern und Sakramenten eine schwere Sünde gegen den Heiligen Geist darstellt.

Schon Papst Gregor I. (590–604) verbot daher jede Form der Simonie, wobei er einer sehr strengen Auslegung folgte. Nicht nur der Erwerb von geistlichen Ämtern, Gütern oder Sakramenten durch Geldzahlungen oder andere materielle Werte erschien ihm verdammenswert, sondern auch all jene Fälle, in denen der Bewerber über Dienstleistungen, Gefälligkeiten oder Selbstverpflichtungen seine Vergünstigung erhalten hatte. Ausdrücklich verwaf Gregor die Simonie als Häresie. Doch es dauerte sehr lange, bis diese Normen in der Praxis durchgesetzt werden konnten. Erst die Kirchenreformer des 11. Jahrhunderts bliesen zum Sturm auf die gängigen Investiturpraktiken des Adels und des Königtums, wobei auch unter ihnen umstritten war, wie streng die Maßgaben des Kirchenrechts angewendet werden sollten. Eine allzu enge Interpretation des Simonieverbots hätte die Kirche angesichts ihrer engen Verquickung mit der Politik eines Großteils ihrer Kleriker beraubt. Eine ebenso viel diskutierte Frage war, ob die von simonistischen Priestern gespendeten Sakramente überhaupt Gültigkeit besaßen und ob Simonisten neu geweiht werden mussten, wenn sie im Dienst der Kirche bleiben wollten. Im Laufe des 11. Jahrhunderts verschärfte sich der Kapf gegen den Ämterkauf und wuchs sich schließlich zu einer regelrechten Machtprobe zwischen Königtum und Kirche aus.

für den gesamten Klerus, 1031 bestätigte man es nochmals auf einer Synode in Bourges. Die einzige Bindung, die ein Kleriker in seinem Leben einging, sollte die zur Mutter Kirche sein, so die Vorstellung, hatte doch der Apostel Paulus im 1. Korintherbrief bereits darauf hingewiesen, dass nur der Unverheiratete sich ganz der Sache Gottes annehmen könne. Allerdings ließ das »sündige Treiben« in den Pfarrhäusern nicht so schnell nach, wie von den Kirchenoberen gewünscht – viel Überzeugungsarbeit bei den Betroffenen musste erst noch geleistet werden.

Die Stunde der Reformer

Das große Ziel der Reformbewegung bestand also darin, die Freiheit und Reinheit der Kirche zu bewahren oder wiederherzustellen. Der Kampf gegen Ämterkauf, Priesterehe und Laieninvestitur bildete dabei einen Dreiklang, in dem das Ringen um die Bischofseinsetzung nur eine Facette war. Denn für die Reformanhänger stellte sich die folgenschwere Frage, ob die Spendung der Sakramente durch einen unwürdigen oder gar unrechtmäßig ins Amt gekommenen Priester Gültigkeit besaß. Der gestrenge Humbert beantwortete diese Frage mit einem klaren Nein. Der Heilige Geist wende Häretikern schließlich nicht dieselbe Gnade zu wie Rechtgläubigen, so sein Argument, sie könnten daher auch keine gültigen Sakramente spenden. Wer außerhalb der kirchlichen Ordnung stehe, wer selbst nie die Gabe des Heiligen Geistes empfangen habe, sei nicht in der Lage, kirchliche Heilshandlungen zu vollziehen. Seine Meinung blieb von anderen Autoren wie dem hochgebildeten Eremiten Petrus Damiani zwar nicht unwidersprochen, doch sie nährte ernsthaft die Befürchtung, dass frommen Gläubigen, die ihre Sakramente aus der Hand ungeeigneter Priester empfingen, das Himmelreich verschlossen blieb. Das war nun in der Tat für den mittelalterlichen Menschen ein existenzielles Problem. Allein die Kirche vermochte es durch ihre heilsvermittelnde Rolle, die Gläubigen aus Sünde und Tod zu retten. War die Rechtmäßigkeit der Sakramente in Frage gestellt, drohten womöglich Höllenpein und ewige Verdammnis. Die Sorge um das

Seelenheil erklärt die Verbissenheit, mit der die Reformkreise um ihre Ziele zu kämpfen begannen. Von der Durchsetzung der Kirchenreform hing weitaus mehr ab, als das kleinmütige Gezerre zwischen König und Papst um die Investiturfrage vermuten lässt.

Einen regelrechten Schub bekam die Reformbewegung ab Mitte des 11. Jahrhunderts, als hintereinander Päpste auf den Stuhl Petri kamen, welche die Wünsche der Erneuerer von oben durchzusetzen trachteten. Den Auftakt machte im Jahr 1046 Papst Clemens II., der zuvor Bischof von Bamberg gewesen war und sein Pontifikat ausgerechnet einem Laien, nämlich dem Salier Heinrich III., dem Vater Heinrichs IV., verdankte. Dieser hatte auf Synoden in Sutri und Rom drei konkurrierende Päpste, denen man Simonie vorwarf, abgesetzt und kurzerhand seinen eigenen Kandidaten durchgesetzt, von dem er sich anschließend zum Kaiser krönen ließ. Heinrich III. handelte dabei durchaus als Anwalt der Reformbewegung, denn solange seine Machtinteressen nicht unmittelbar berührt waren, hatte er gegen etwas mehr Sitte und Moral im Klerus nichts einzuwenden. Clemens II. verstarb zwar wenige Monate nach seiner Amtseinführung, doch ihm folgten weitere Reformanhänger, die allesamt nicht aus Rom, sondern aus dem Reichsepiskopat stammten: Damasus II., Leo IX., Viktor II. Unter ihnen ragte vor allem Leo IX., zuvor Bischof von Toul, hervor, da er eine ganze Schar reformfreudiger Berater mit nach Rom brachte. Humbert von Silva Candida, Hugo Candidus von Remiremont, Friedrich von Lothringen, der spätere Papst Stephan IX., und auch Hildebrand, der spätere Papst Gregor VII., fanden damals ihren Weg in die Heilige Stadt. Geschlossen wurden die Reihen der Reformer von auswärtigen Mitstreitern wie Petrus Damiani, Abt Odilo von Cluny und Erzbischof Halinard von Lyon. Mit dieser intellektuellen Schützenhilfe im Rücken und gestärkt durch die Aura seines Amtes ging Leo IX. daran, die Kirche seiner Zeit umzukrempeln. Unermüdlich reiste er durch die Lande und über die Alpen, ermahnte seine Schäfchen, sorgte für Recht und Ordnung. Nach den Worten von Abt Johannes von Fécamp sei er »überall herumgegangen« und habe »gereinigt, verbessert und korrigiert«. Auf zahlreichen Synoden setzte er Bestimmungen gegen Simonie und Priesterehe durch und förderte wo immer möglich die kanonisch korrekte Wahl von Bischöfen. So machte Leo das Papsttum zur treibenden Kraft und zum Zentrum der Kirchenreform, wodurch es ihm gleichzeitig gelang, den päpstlichen Primat zu stärken. Denn der Oberhirte aus Rom erlaubte sich, häufig gegen den Widerstand der Ortsbischöfe in die einzelnen Gemeinden und Bistümer hineinzuregieren und dem römischen Stuhl in allen kirchenrechtlich relevanten Fragen das letzte Wort zu reservieren. Obwohl das Verhältnis Leos IX. zur weltlichen Macht noch ungetrübt war, berührte er die königlichen Interessen bereits in einem wesentlichen Punkt: Sein Eintreten für die kanonische Wahl von Bischöfen durch Klerus und Volk der Ortsgemeinde focht konsequenterweise die Investiturpraxis des Adels wie auch des Königs an – die Hardliner im Reformlager, zu denen Leos engster Berater Humbert von Silva Candida zählte, witterten Morgenluft. Die Frage nach der rechtmäßigen Investitur barg das Konfliktpotenzial der Zukunft.

Kirche und Laien – ein schwieriges Verhältnis

Seit der Epoche der ostfränkischen Karolinger nahmen die Könige für sich in Anspruch, Bischöfe und Äbte durch die zeremonielle Übergabe eines Stabes in ihr Amt einzuführen. Sie mussten dabei zwar die Wünsche des Adels und des Klerus berücksichtigen, doch in dem Maße, wie sich die Kirche seit ottonischer Zeit zur wichtigsten Stütze der Reichsverwaltung entwickelte, verstärkte das Königtum seinen Zugriff auf die hohen Kirchenposten. Bischöfe und Äbte waren eng in die Regierungsgeschäfte eingebunden, versorgten den Hof mit Naturalabgaben, stellten militärische Kontingente, wirkten als Berater oder leiteten den Schriftverkehr und übten königliche Hoheitsrechte wie Markt-, Münz- oder Zollrechte aus. Sie gehörten damit zu den unverzichtbaren Stützen der Monarchie, und die gekrönten Häupter waren verständlicherweise daran interessiert, nur vertraute und loyale Kandidaten, die sie meist schon aus ihrer Hofkapelle kannten, zu berufen. Gerechtfertigt wurde diese Gewohnheit ausnahmsweise nicht durch einen Rückgriff auf das Eigenkirchenwesen, sondern durch die Betonung der herausgehobenen Stellung des Königs als Gesalbter und

Die »jungen Wilden« im Lateran – der Pontifikat Papst Leos IX.

Damit hatte man in Rom nicht gerechnet: Barfüßig und im Pilgergewand, ohne Prunk und päpstlichen Ornat hielt der zum Oberhirten designierte Leo IX. im Februar 1049 Einzug in die Metropole am Tiber. Die Herzen der Römer, so will es jedenfalls die Legende, seien ihm im Sturm zugeflogen, denn mit seinem programmatischen Auftreten habe der Neuling klargemacht, dass er ohne die Zustimmung der Römer und der römischen Ortskirche niemals sein Amt als Papst antreten würde.

Der ehemalige Bischof von Toul, Sohn des elsässischen Grafen von Egisheim-Dagsburg, war schon zwei Monate zuvor auf einem Hoftag in Worms von Kaiser Heinrich III. zum neuen Papst bestimmt worden. Doch der leidenschaftliche Anhänger der Kirchenreform pochte auf eine rechtmäßige, kanonische Wahl und amtierte als Papst erst, nachdem er am 12. Februar 1049 in Rom offiziell inthronisiert worden war. Mit Leo IX. hielten auch die Ideen der Kirchenreform ihren Einzug in Rom. Eine ganze Gruppe reformfreudiger Kirchenmänner, die überwiegend aus Lothringen und Burgund stammten, begleitete den neuen Papst nach Italien und dämpfte den Einfluss der römischen Adelsgeschlechter auf den Stuhl Petri. Mit dieser »Kerntruppe« an Reformern, die Leo geschickt auf die einflussreichsten Posten berief, gelang es, die Kirche von oben zu erneuern.

Aus der Riege seiner vertrauten Mitarbeiter entstand allmählich das Kardinalskollegium, das im Laufe der Zeit immer mehr Einfluss auf die Leitung der Gesamtkirche gewann. Gleichzeitig bildete sich aus der stadtrömischen Bistumsverwaltung die päpstliche Kurie als Zentrum der Verwaltungstätigkeit der Weltkirche. Nicht zuletzt warb Leo IX. auf regelmäßig einberufenen Synoden sowie auf zahlreichen Reisen für seine Reformen gegen Simonie, Laieninvestitur und Priesterehe. Der beim Volk beliebte Oberhirte starb nach einem unglücklich verlaufenen Kriegszug gegen die Normannen 1054 und wurde bald nach seinem Tod als Heiliger verehrt.

von Gott zur Herrschaft Berufener. Unter Heinrich III., der neben dem Stab auch noch den Ring verlieh, schälte sich eine bestimmtes Verfahren heraus, das Abt Hermann von Niederaltaich im Rückblick folgendermaßen beschrieb: »Jedes Mal, wenn ein Bischof oder Reichsabt verstarb, pflegte die entsprechende Kirche Ring und Stab an den Kaiser zu senden und sich vom Hof einen neuen Bischof oder Abt auszubitten.« Nach eingehender Beratung mit seinen Großen übergab der Herrscher dem Auserwählten mit den Worten »Accipe ecclesiam« – »Empfange die Kirche« – die Insignien Stab und Ring und ließ sich danach einen Treueid leisten, der den Anwärter zum Königsdienst verpflichtete. Die übrigen Elemente der Berufung – Wahl, Weihe und Inthronisation – wurden zwar weiterhin in großen öffentlichen Akten zelebriert, traten in ihrer Bedeutung gegenüber der königlichen Insignienübergabe aber in den Hintergrund. Die Wahl mutierte häufig zur bloßen Akklamation. Wie bei den Reichsbischöfen nahmen die Könige der ottonischen und frühsalischen Zeit für sich in Anspruch, kraft ihrer sakralen Autorität auch bei der Kür des Bischofs von Rom und damit des Papstes mitzuwirken. Um diesen Eingriff rechtlich zu untermauern, griffen die Monarchen auf den spätantiken »patricius«-Titel zurück, der sie zu Schutzherren Roms und gleichzeitig zu Mitgliedern des wahlberechtigten römischen Volkes machte. Mit diesem Trick gelang es ihnen, den Einfluss der römischen Adelsfamilien auf die Papstwahl auszuschalten und eigene Kandidaten auf den Stuhl Petri zu erheben. Doch in Zeiten der erstarkenden Kirchenreform stieß diese Praxis zunehmend auf Kritik.

Verhärtung der Fronten

Wie sich die Fronten langsam, aber sicher verhärteten, zeigte die von Leos Nachfolger Nikolaus II. 1059 einberufene Lateransynode, auf der Beschlüsse von ungeheurer Tragweite gefasst wurden. Der aus dem Reformland Burgund stammende Papst erließ im Kreise der 113 versammelten Bischöfe den folgenschweren Grundsatz, »dass auf keinen Fall irgendein Kleriker oder Priester eine Kirche durch einen Laien übertragen bekommt, weder gratis noch durch Geldzahlungen«. Zunächst bezog man die Bestimmung nur auf das Eigen- und Niederkirchenwesen, doch war es lediglich eine Frage der Zeit, bis die Forderung mit voller Wucht das königliche Investiturrecht torpedierte. Denn dass Nikolaus II. auch den König und Kaiser zu den Laien rechnete, der in Angelegenheiten der Kirche kein Mitspracherecht besitze, machte er in seinen folgenden Reden klar. Die vor Reformeifer fiebernden Synodalen gingen sogar noch einen Schritt weiter und einigten sich auf eine Neuregelung der Papstwahl. Sie bestimmten, dass der Papst grundsätzlich auch außerhalb Roms gewählt werden könne, wenn in der Heiligen Stadt kein reibungsloser Ablauf gewährleistet sei. Damit hofften die Konferenzteilnehmer, den stets krawallwütigen römischen Stadtadel in die Schranken zu weisen. Gleichzeitig begrenzten sie den Kreis der Wahlberechtigten auf die Kardinalbischöfe, die als Erste nach dem Tod eines Papstes über dessen Nachfolge beraten sollten. Ihnen kam ein ganz entscheidendes Vorwahlrecht zu, während die anderen Kardinalkleriker, die Kardinalpriester und -diakone, erst später hinzugezogen werden sollten und dem übrigen Klerus und dem Volk von Rom nur noch ein formelles Zustimmungsrecht zustand. Damit war der Weg für das bis heute gültige Exklusivwahlrecht des Kardinalskollegiums geebnet, dessen Mitglieder sich als die wichtigsten Berater des Papstes verstanden und durch den liturgischen Dienst an den fünf römischen Hauptbasiliken auszeichneten. Auf den König und Kaiser als »Papstmacher« konnten die Synodalen dagegen gut und gern ganz verzichten, sie waren nur mehr bereit, ihm die »schuldige Ehre und Reverenz« zu erweisen. Mit diesem Gummiparagraphen sandten die Seelenhirten zwar ein versöhnliches Signal an die kaiserliche Seite, doch dass sie damit den hochgesteckten königlichen Ansprüchen nicht gerecht wurden, war ebenso offensichtlich. Wie ernst es Nikolaus II. und seine Mitstreiter mit der Erneuerung der Kirche meinten, zeigten nicht nur die erneuten und verschärften Verbote gegen Simonie und Priesterehe, die vom Aufruf an das Kirchenvolk begleitet waren, Gottesdienste von nicht zölibatär lebenden Priestern zu boykottieren, sondern auch die außenpolitische Kehrtwendung hin zu den Normannen. Um dem erdrückenden Einfluss der Könige und Kaiser nördlich der Alpen zu entgehen, schloss Nikolaus mit den in Süditalien eingefallenen Normannen ein folgenschweres Bündnis: Die bewährten Kriegsherren Robert Guiscard und Richard von Aversa und Capua nahmen ihre Eroberungen in Unteritalien vom Papst zu Lehen und leisteten ihm einen Treueid, mit dem sie sich unter anderem verpflichteten, im Falle einer strittigen Papstwahl den Kandidaten der »besseren« Kardinalshälfte zu verteidigen. Damit hatte sich Nikolaus einer schlagkräftigen Truppe versichert, die zwar weiterhin ihre eigenen machtpolitischen Ziele verfolgte, aber immerhin ein Mindestmaß an Unabhängigkeit vom Salierhof garantierte. Dort reagierte man auf die neue Bündniskonstellation denn auch ziemlich verschnupft. Mit der Lateransynode von 1059 waren somit Grundsatzentscheidungen getroffen, welche eine Machtprobe zwischen geistlicher und weltlicher Macht in absehbarer Zeit wahrscheinlich machten.

Die Zeichen standen längst auf Sturm, als Nikolaus II. 1061 starb. In dem Gerangel um seine Nachfolge konnte sich der Kandidat des Hofes, Honorius II., bezeichnenderweise nicht mehr durchsetzen und musste das Feld dem reformfreundlichen Alexander II. überlassen, der sofort daran ging, den Klerus in Rom und in den italienischen Einflussgebieten zu reformieren. Strittige Rechtsfälle holte er an die Kurie, womit er deutlich machte, dass Rom die Entscheidungsinstanz in allen Kirchen- und Disziplinarfragen war. So zitierte er beschuldigte Priester nach Rom, suspendierte belastete Kleriker und wachte mit Argusaugen über die rechtmäßige Einsetzung von Bischöfen. Erstmals stießen die päpstlichen und königlichen Machtansprüche in Mailand aufeinander, wo der amtsmüde Erzbischof Wido 1070/71 resigniert und seine Würde gegen eine hohe Geldzahlung dem Subdiakon Gottfried überlassen hatte. König Heinrich IV. akzeptierte den Handel und investierte Gottfried, doch in Mailand sah die Lage anders aus. Hier fanden Anhänger der Kirchenreform mit der sozial motivierten Volksbewegung der Pataria zu einer ziemlich radikalen Gruppierung zusammen, die nach dem Tod Widos mit Erlaubnis des Papstes den Kleriker Atto zum neuen Erzbischof wählte. Es entstand ein Patt, weil sich keiner der beiden Gekürten durchsetzen konnte, sodass der traditionsreiche Mailänder Erzbischofsstuhl eine ganze Weile vakant blieb. In dem Streit griff der Papst allerdings zu einer neuen Waffe, deren volle Schlagkraft sich erst in der Zukunft erweisen sollte: Er exkommunizierte fünf Berater Heinrichs IV., die in die Mailänder Machenschaften verwickelt waren, wegen Simonie. Doch Alexander II. starb zu früh, um den drohenden Streit mit dem König noch selbst entschärfen zu können. Sein Nachfolger auf dem Apostolischen Stuhl zählte allerdings nicht gerade zu den kompromissbereiten Kandidaten aus dem Lager der Reformer: Mit dem Amtsantritt Gregors VII. erhielt die Auseinandersetzung um den Mailänder Bischofsstuhl eine ganz neue Qualität.

Das Reich und seine Herrscher

An den Ufern des Rheins erhob sich im 11. Jahrhundert eine gigantische Baustelle – Zug um Zug wuchs der Dom zu Speyer in die Höhe, der bis dahin ungekannte Dimensionen erreichte: 134 Meter lang, im Mittelschiff 33 Meter hoch und 14 Meter breit. Mächtige Kreuzgratgewölbe machten die dreischiffige Pfeilerbasilika zum ersten vollständig gewölbten Großbau Mitteleuropas. Das monumentale Gotteshaus, das mit seiner riesigen Hallenkrypta, der reichen Baudekoration und der Vielzahl seiner Türme zu den eindrucksvollsten Zeugnissen der Frühromanik zählt, kündete vom Stolz und Machtanspruch seiner Erbauer. Die Salier errichteten sich mit ihm eine Grablege, die gleichzeitig zum geistigen Bezugspunkt ihrer Familie und zum Ausdruck ihres Herrschaftswillens wurde. Alle salischen Kaiser von Konrad II. bis Heinrich V. fanden hier ihre letzte Ruhestätte – selbst Vertreter der Staufer und Habsburger suchten später für die Zeit nach ihrem Tod die Nähe dieser berühmten Familie. Keine Dynastie hatte je zuvor ihren Traum von imperialer Größe so konsequent in Stein gefügt wie die Salier, die von 1024 bis 1125 die Geschicke des Reiches lenkten. Mit dem Speyrer Dom, der inmitten ihres Hausgutes lag, setzten sie sich ein Denkmal, das den Vergleich mit den Monumenten der Antike nicht zu scheuen brauchte. Und dieser Vergleich war auch gewollt: Denn so festgefügt wie die Fundamente, so kühn wie die Gewölbe im Innern des Baus, so selbstbewusst und unabhängig gedachten die salischen Herrscher auch das Reich zu regieren. Gleichzeitig versicherten sie sich mit der Gottesmutter Maria, der das Haus geweiht war, einer mächtigen himmlischen Fürsprecherin, unter deren Schutz das salische Geschlecht erblühen und gedeihen sollte. Dass es ganz anders kam, konnte der Stifter Konrad II. nicht wissen.

Den Hang zum eigenmächtigen Regiment hatten die Salier von ihren Vorgängern, den Karolingern und Ottonen geerbt, die ihrerseits schon früh ihr Faible für Rom und die antiken Imperatoren entdeckten. Einmal den Weltkreis zu beherrschen wie die alten Römer – das war der Wunschtraum aller Stammesführer jener jungen Völkerschaften, die sich nach dem Untergang des Weltreiches an dessen nördlicher Peripherie gebildet hatten. Die Aura Roms als Sitz der Cäsaren strahlte nahezu ungebrochen auf die Herrscher aus dem fernen Norden aus, obwohl sich längst eine dicke Schicht von Patina auf die nur noch dünn besiedelte Metropole gelegt hatte und von einstiger Größe und Macht nur noch wenige Spuren übrig waren. Doch das ehemals gefeierte Zentrum der Welt bot weitaus mehr als nur eine faszinierende Geschichte mit universalem Machtanspruch: Mit dem Grab des Apostels Petrus verfügte die Stadt über einen für das Christentum bedeutenden Integrationspunkt, galt doch Petrus, der Fischer aus Galiläa, nach dem Zeugnis der Bibel als derjenige, der von Jesus persönlich die Leitung der Kirche und die Löse- und Bindegewalt in ihr übertragen bekommen hatte. Auf diesem festen Fundament ruhte die Autorität der Bischöfe von Rom, die als Nachfolger des Apostelfürsten zunehmend eine Vorrangstellung innerhalb der wachsenden Christenheit beanspruchten. In keiner anderen Stadt mischten sich die Auren von Macht und Heiligkeit so sehr zu einer wirkkräftigen Einheit wie in Rom. Das rückte die Stadt schon früh in den Fokus der internationalen Politik. Die Machthaber der nördlich der Alpen gelegenen Reiche, die aus der Konkursmasse der Völkerwanderungszeit hervorgegangen waren, streckten schon früh ihre Fühler in Richtung Rom aus, um von der universalen Bedeutung der Metropole wie von der sakralen Ausstrahlung ihrer Oberhirten zu profitieren.

Die Aura des Kaisertums

Das enge Band, das der Frankenkönig Pippin mit dem Papsttum knüpfte, um die Dynastie der Karolinger gegen das alte Königsgeschlecht der Merowinger an die Macht zu bringen, schloss sich unter seinem Sohn und Nachfolger Karl dem Großen noch fester. Der Frankenherrscher zerschlug das Reich der Langobarden, das Rom wiederholt bedroht hatte, und erwarb dafür die langfristige politische Unterstützung des Papsttums. Karl konnte nicht nur die Nachfolgefrage mit Hilfe der Päpste regeln, indem er seine Söhne in Rom zu Königen salben ließ, er konnte auch seine eigene Position mit ihrer Hilfe festigen und nochmals sakral überhöhen: Am Weihnachtstag des Jahres 800 empfing er im Petersdom aus den Händen Papst Leos III. die Kaiserkrone. Damit erneuerte er diese traditionsreiche Würde für das westliche Abendland, ungeachtet der Tatsache, dass es in Byzanz ein oströmisches Kaisertum gab. Die Kaiserkrone begründete nicht nur einen universalen Herrschaftsanspruch nach dem Vorbild des längst untergegangenen römischen Weltreiches und damit eine hegemoniale Stellung gegenüber allen anderen Königen in Europa, sie hob ihren Träger gleichzeitig und noch stärker als bei der Königssalbung in eine geheiligte Sphäre, praktisch in unmittelbare Nähe zu Gott. Der königliche Kandidat wurde über dem Petrus-Grab, sozusagen am Ort der höchsten Autorität der Christenheit gekrönt und gesalbt, sodass er sich wahrhaft als von »Gott gegeben«, als »Stellvertreter Christi auf Erden« fühlen durfte. Das berechtige ihn, nach dem Vorbild der spätantiken Kaiser in innerkirchliche Angelegenheiten einzugreifen sowie Herrschaftsrechte in Rom und Italien auszuüben. Mit der Kaiserkrone hatten allerdings auch die Päpste einen Joker in der Hand, der ihren politischen »Marktwert« um ein Vielfaches erhöhte. Denn die Kaiserkrone konnte niemand anderes vergeben als der Nachfolger Petri. Jeder Kandidat, der sich um diese herausragende Würde bewarb, musste zu ihm über die Alpen nach Rom ziehen und erst einmal Verhandlungen führen. Denn eines war gewiss: Die Päpste waren nicht gewillt, jeden Prätendenten zu krönen. Sie hatten ihre eigenen Ziele in der Politik und wollten diese durch den künftigen Kaiser gewahrt sehen.

Mit der Erneuerung der Kaiserwürde hatte Karl Akzente für die Zukunft gesetzt. Seit den Tagen des großen Karolingers zog es die Herrscher aus dem fernen Norden fast schon magisch in Richtung Süden. Dabei brachte ihnen der Kaisertitel keine nennenswerten machtpolitischen Vorteile ein. Die reale Machtbasis des Königtums lag auch weiterhin im Reich nördlich der Alpenkette, basierend auf den wirtschaftlichen Möglichkeiten der Eigengüter einer Dynastie sowie der Treue und Gefolgschaft der großen Vasallen. Doch Rom mit seiner schimmernden Kaiserkrone war fortan aus dem politischen Programm des fränkischen Königtums nicht mehr zu streichen. Nach einer Phase des Niedergangs im Zuge des Zerfalls des Karolingerreiches brachte der Sachse Otto I., der Große, neuen Schwung in die Italienpolitik. Er heiratete nicht nur Adelheid, die schöne Witwe des italienischen Königs Lothar, sondern eilte auch dem von vielen italienischen Magnaten und außenpolitischen Gegnern bedrängten Papst Johannes XII. zu Hilfe, der ihn dafür am 2. Februar 962 in der Peterskirche nach einem ausgeklügelten Zeremoniell zum Kaiser krönte. Die sakrale Überhöhung und die universale Ausrichtung der Kaiserwürde kamen im Mainzer Krönungsordo bestens zum Ausdruck. Durch Einkleidung, Salbung und Krönung stieg der künftige Kaiser neben dem Papst zum »Stellvertreter Christi« und damit zum zweiten »Haupt der Christenheit« auf. Wie das neue Amt den Herrscher aus Sachsen veränderte, zeigt sein Siegelbild: Wurde er als König noch in seiner Eigenschaft als siegreicher Feldherr mit Schild und Lanze gezeigt, präsentierte er sich nach der Kaiserkrönung frontal im vollen Schmuck seiner neuen Würde mit Krone, Szepter und Weltkugel. Erstmals im Mittelalter taucht damit eine Darstellung des Globus als Sinnbild für die Weltherrschaft auf. Dem Ottonen gefiel es in Italien so gut, dass er eine ganze Weile – insgesamt nahezu zehn Jahre – dort blieb. Sein Verhältnis zum Papsttum regelte er in einem großen Vertragswerk, dem Ottonianum, in dem er weite Gebietsabtretungen in Italien an den Heiligen Stuhl versprach, dafür aber seinen Zugriff auf die Papstwahl sowie seinen Einfluss in Rom verstärkte. In der Prunkurkunde aus purpurrotem Pergament, einen Meter lang und vierzig Zentimeter breit, verpflichtete der Herrscher in goldenen Lettern die Römer zu einer Papstwahl in Anwesenheit seiner eigenen Gesandten, denen der zu wählende Kandidat einen Sicherheits- und Reinigungseid zu leisten hatte. Damit konnte kein Papst mehr ohne kaiserliche Zustimmung in sein Amt gelangen. Otto nahm seine Herrschaftsrechte in Italien überaus ernst und zögerte nicht, Lehnsdienste, Abgaben und kirchliche Dienste einzufordern und auch die Gerichtsbarkeit auszuüben. Auf diesen Erfolgen bauten seine Nachfolger auf. Unter Otto II. und Otto III. erreichte die Rom-Euphorie einen bis dahin ungekannten Höhepunkt. Stolz führten sie den Titel »Romanorum imperator augustus« ein, was so viel wie »erhabener Kaiser der Römer« hieß, und deuteten damit an, dass die Herrschaft über Rom, die enge Zusammenarbeit mit dem Papsttum und die uneingeschränkte Macht über Italien zu den wesentlichen Merkmalen ihrer Kaiseridee zählten. Der jugendliche und hochgebildete Otto III. verfolgte nach dem frühen Tod seines Vaters Otto II. sogar ein Programm, das mit der Formulierung »Renovatio imperii Romanorum« – »Wiederherstellung des römischen Kaisertums« – umschrieben wurde und als Umschrift auf Bleibullen erschien. In immer stärkerem Maße rückten damit Rom und das Papsttum ins Zentrum der Reichspolitik, sodass sich bei den »vernachlässigten« Sachsen und Franken, die dem Herrscher »Fantasterei« nachsagten, schon latenter Widerstand regte. In der Absicht, die Zügel in Rom und Italien noch fester zu ziehen, erbaute Otto III. einen prächtigen Palast auf dem Palatin und führte römisch-byzantinische Amtstitel in seiner Umgebung ein. Er selbst pflegte den byzantinischen Brauch, allein und auf erhöhtem Tisch zu speisen. Widerstände gegen seine Politik unterband er mit nie da gewesener Grausamkeit. Aufstände in Rom bestrafte er mit solch beispielloser Brutalität, dass selbst seine Zeitgenossen aufschreckten. Der rebellische Stadtpräfekt Crescentius zum Beispiel wurde enthauptet, sein Leichnam von den Mauern der Engelsburg gestoßen und schließlich im Kreise von zwölf ebenfalls hingerichteten Gefährten an den Füßen aufgehängt. Der Gegenpapst Johannes XVI., immerhin ein enger Vertrauter von Ottos Mutter Theophanu, musste schwerste Folterungen erdulden und wurde rücklings auf einem Esel sitzend durch die Straßen Roms gejagt. Welche Absichten und hochgesteckten Pläne der jugendliche Herrscher mit diesen Machtdemonstrationen auch immer verbinden mochte – er konnte sie nicht realisieren, weil er schon mit knapp 22 Jahren nahe Rom einem Fieber erlag.

Zwischen Abhängigkeit und Rivalität – das Verhältnis zwischen Kaiser und Papst

Die ottonischen Herrscher waren bei der Ausübung ihrer Macht in Rom und Italien auf ein erfolgreiches Zusammenwirken mit den Petrus-Nachfolgern angewiesen, und tatsächlich gelang es ihnen, ein einträgliches Verhältnis mit diesen herzustellen. Papst und Kaiser leiteten gemeinsam Synoden, brachten entfremdetes Kirchengut wieder in geistliche Hand und sorgten sich gemeinsam um den Aufbau einer kirchenpolitischen Ordnung in den noch heidnischen Missionsgebieten. Dieses Einvernehmen war allerdings nur herzustellen, wenn kaisertreue Vertreter auf dem Heiligen Stuhl saßen. So griff schon Otto der Große in die Papstwahlen ein und erlaubte sich, ungeeignete Kandidaten wie den übel beleumundeten Johannes XII. abzusetzen. Die Päpste Leo VIII. und Johannes XIII. verdankten dagegen ihre Erhebung auf den Apostelthron ausschließlich der kaiserlichen Protektion und bedankten sich dafür mit einer gefälligen Politik. Nach langen Jahren des Streits konnte Otto der Große 967 mit Hilfe Johannes XIII. endlich sein Lieblingsvorhaben – die Errichtung des Erzbistums Magdeburg – verwirklichen. Gestützt auf die von den Römern gegebene Zusage, keinen Papst ohne das Plazet des Kaisers zu wählen, erhob auch Otto III. Vertraute auf den Heiligen Stuhl. Der mit dem Kaiserhaus verwandte Hofkaplan Brun von Worms gelangte als erster »Deutscher« auf den Thron des Apostelfürsten und krönte als Gregor V. den noch nicht einmal sechzehnjährigen Ottonenspross am Himmelfahrtstag des Jahres 996 zum Kaiser. Nach dem Tod Gregors brachte Otto III. mit Gerbert von Aurillac erneut einen besonders engen Vertrauten in das höchste Amt der Christenheit. Wie eng das Verhältnis zwischen weltlicher und

Der Papst als Königsmacher

Ein erster gewichtiger Anlass zur Kontaktaufnahme mit den Erben des Apostelfürsten ergab sich für die Franken Mitte des 8. Jahrhunderts, als es um die hochbrisante Übertragung der Königswürde von der Dynastie der Merowinger auf die der Karolinger ging. Das auf der Merowingersippe ruhende Königsheil musste bei einem Dynastiewechsel irgendwie kompensiert werden. Vorsichtig ließ daher der fränkische Hausmeier Pippin, der die Regierungsgeschäfte für den schwachen letzten Merowingerkönig führte, bei Papst Zacharias anfragen, ob er sich den Königstitel aneignen dürfe. Der von den Langobarden bedrängte Papst, froh einen starken Schutzherrn gefunden zu haben, gab grünes Licht und wies seinen bischöflichen Legaten an, Pippin zum König zu salben. Mit der Königssalbung 751 machte dieser seine fehlende Legitimation als »Newcomer« auf dem Thron wett. Drei Jahre später eilte Papst Stephan II. gar selbst ins Frankenreich, um Pippin mitsamt seinen Söhnen Karl und Karlmann in Saint-Denis erneut zu salben und ihm mit der Verleihung des patricius-Titels gleichzeitig die Verantwortung für die römische Kirche zu übertragen.

Damit trat neben Akklamation und Thronsetzung durch die eigenen Gefolgsleute ein ganz neues Element in die fränkische Königserhebung: die bischöfliche Salbung. Der kirchliche Akt machte den künftigen Herrscher zu einer von Gott legitimierten Autorität. Diese hatte natürlich ihren Preis: Der König musste den christlichen Tugendkanon erfüllen, wenn er seine Herrschaft behalten und die Unterstützung durch die Kirche nicht verlieren wollte. Zudem war ihm der Schutz des Papsttums anvertraut, was häufig nur vor Ort und mit militärischer Präsenz zu leisten war. Schon Pippin ging daher nach Italien, um gegen die Langobarden zu Felde zu ziehen. Die eroberten Gebiete machte er 756 dem Papst zum Geschenk – die sogenannte Pippinische Schenkung –, womit er den Grundstein für den späteren Kirchenstaat legte.

geistlicher Gewalt in diesem Moment war, zeigte die Wahl des Papstnamens. Gerbert von Aurillac nannte sich als Papst Silvester II. nach Silvester I., der im 4. Jahrhundert zusammen mit Kaiser Konstantin dem Großen das christlich-römische Reich geleitet hatte. Eine Zeit des friedlichen Zusammenwirkens der beiden Universalgewalten schien sich anzubahnen. Für die Kaiser bot sich die Gelegenheit, ihre eigenen kirchenpolitischen Vorstellungen wie die Gründung neuer Bistümer durchzusetzen und sich vor der Christenheit als Garanten der gottgewollten Ordnung zu beweisen.

Eine neue Dynastie – die Salier

Auf dem durch die kaiserliche Würde gesteigerten Selbstbewusstsein der Ottonen bauten die Salier, die 1024 nach dem Tod des letzten kinderlosen Vertreters des sächsischen Kaisergeschlechts an die Macht kamen, bereitwillig auf. Konrad II., der erste Salier auf dem Königsthron, bewies schon bei seiner Krönung in Mainz, welch hohe Auffassung er von seinem neuen Amt besaß. In den Festpredigten der Erzbischöfe von Mainz und Köln ließ er sich als »König und Priester«, als »Stellvertreter Christi«, als »Mittler zwischen den Geistlichen und Laien« feiern. Der König fühlte sich ganz offensichtlich als von Gott gekrönt. Diesen Anspruch brachte auch die Reichskrone, die trotz strittiger Datierung von Konrad II. getragen worden sein dürfte, in ihrem Bildprogramm zum Ausdruck. Durch die Bildplatten der alttestamentarischen Könige David und Salomon wurden die aktuellen Träger in die biblische Tradition gestellt. Der als Weltenherrscher dargestellte Christus verdeutlichte mit einem Spruch aus dem Buch Salomon, von wem alle irdische Macht stammte: »Durch mich regieren die Könige«. Mit ihrer achteckigen Form, ihren kostbaren farbigen Steinen und dem aufgesetzten Kreuz verwies die Krone auf das himmlische Jerusalem, das Jüngste Gericht und die Herrschaft Gottes in der Vollendung. Konrad II. versäumte es auch nicht, dem Vorbild seiner karolingischen Vorgänger zu huldigen und bald nach der Krönung den Karlsthron in Aachen zu besteigen. »An Konrads Sattel hängen Karls Bügel«, meinte der Volksmund treffend dazu.

Wie einst den großen Frankenherrscher zog es Konrad magnetisch nach Rom. Schon an Ostern 1027 empfing er gemeinsam mit seiner Gattin Gisela in Rom die Kaiserkrone. Eine neue Kaiserbulle, welche die Urkunden schmückte, deutete an, wie romorientiert und universal der erste Salier dachte: »Rom, das Haupt der Welt, führt die Zügel des Erdkreises«, war in der Umschrift zu lesen, während die Bildmitte eine stilisierte Ansicht des »goldenen« Roms zeigte. Entsprechend bürgerte sich für den salischen Herrschaftsraum die Bezeichnung »imperium Romanum« ein, womit angedeutet war, dass das Reich nördlich der Alpen zunehmend als Kernland des Kaisertums betrachtet wurde. Als König und Kaiser griff Konrad beherzt in die Belange der Reichskirche ein, investierte Bischöfe und Äbte und scheute sich nicht, dafür Geld zu kassieren. Mit unbotmäßigen Bischöfen ging er hart ins Gericht, was selbst so hochrangige Kleriker wie die Erzbischöfe Aribo von Mainz und Aribert von Mailand zu spüren bekamen. Den Mainzer Erzbischof stellte der König politisch kalt, weil dieser sich geweigert hatte, Gisela wegen zu naher Verwandtschaft mit ihrem Gatten in Mainz zu krönen, weswegen der Akt 13 Tage später in Köln von Erzbischof Pilgrim nachgeholt werden musste. Den Mailänder Aribert, seinen treuesten Anhänger in Oberitalien, überzog Konrad dagegen während seines zweiten Italienzuges mit Krieg und ließ ihn wegen Hochverrats aburteilen, weil er sich den königlichen Anweisungen widersetzt hatte. Zweifel an seiner Frömmigkeit ließ der Monarch dennoch nicht aufkommen. Mit der Stiftung des Speyrer Doms erwies er sich als äußerst großzügiger und der Kirche gegenüber wohlgesinnter Spender. Der Bau, vermutlich kurz nach seiner Kaiserkrönung 1027 anstelle einer älteren Bischofskirche begonnen, war von vornherein als seine Grablege gedacht und wurde dementsprechend würdevoll ausgestattet. Die mächtige Gottesmutter Maria war als »Schutzpatronin« des Salierhauses ausersehen. Macht und Glaube, Repräsentation und Demut vor Gott gingen in diesem alle Maßstäbe sprengenden Bauwerk wirkungsvoll ineinander. Mit sich und der Welt im Reinen, verstarb Konrad 1039 in Utrecht in dem festen Bewusstsein, sein Haus gut bestellt zu haben. Seinen Sohn und Nachfolger Heinrich III. hatte er bereits zu Lebzeiten zum König salben lassen und ihm die Herzogtümer Bayern und Schwaben sowie das Königreich Burgund übertragen, zu denen später noch das Herzogtum Kärnten kam. Er hatte die Kirche in seinen Dienst genommen, die königliche Macht im Innern gestärkt und für eine geregelte Nachfolge gesorgt. Als »Ackerer des Friedens« bezeichnete ihn daher die Inschrift auf seiner Grabkrone.

Ein autokratischer Herrscher – Heinrich III.

Mit Heinrich III. erhielt das Reich einen machtbewussten und von seiner königlichen Stellung zutiefst überzeugten Herrscher. Aufbauend auf dem »ideologischen« Erbe seiner Vorfahren, sah er sich als »Haupt der Kirche« und als »Diener Gottes« verantwortlich für das ganze »Haus Christi«, in dem jeder seinen rechtmäßigen und ihm zustehenden Platz einnahm. Für Heinrich bedeutete Herrschaft nicht einfach Ausübung von Macht oder das Erreichen bestimmter Ziele, sondern die Verwirklichung der göttlichen Ordnung und des von Gott gebotenen Friedens. Nicht umsonst hatte ihm bereits sein Lehrer, der Hofkapellan Wipo, Merksätze wie diesen mit auf den Weg gegeben: »Herrschen heißt das Gesetz achten.« Der König musste ganz dem Vorbild Christi nacheifern, Milde, Demut und Barmherzigkeit walten lassen, wollte er seinen göttlichen Auftrag gut erfüllen. Heinrich III. tat sein Bestes, um den hohen Anforderungen zu genügen. Immer wieder zelebrierte er öffentliche Bußrituale, zeigte sich barfuß im härenen Büßerhemd oder ergriff selbst das Wort, um seinen Gefährten ins Gewissen zu predigen. Er ergoss sich in freigiebigen Schenkungen an die Familiengründung Speyer, feierte ausgiebig alle Marienfeste und verpflichtete seine Umgebung durch kollektive Bußaktionen zur Einhaltung der von ihm vorgegebenen Friedenspolitik. Wie durchdrungen der König von seiner gottunmittelbaren Stellung war, zeigt auch das Bildprogramm des »Codex Aureus«, eines prachtvollen, heute im Escorial bei Madrid aufbewahrten Evangeliars, das er dem Bistum Speyer schenkte. Demütig knien Heinrich III. und seine Gemahlin Agnes von Poitou zu Füßen der Himmelskönigin, um sie um ihren Segen und einen männlichen Nachfolger zu bitten. Gnädig ruht die Hand Mariens auf dem Haupt der Königin, die bislang nur eine Tochter geboren hatte, während der festlich gekleidete König der Muttergottes zum Dank das kostbar illuminierte Buch überreicht. Im Hintergrund der Szene ist der Speyrer Dom zu sehen, dessen Bau Heinrich III. fortführen ließ. Wer solch unmittelbaren Zugang zu den himmlischen Mächten pflegte, fühlte sich natürlich berechtigt, auf alle kirchlichen Belange Einfluss zu nehmen. Die Investitur von Bischöfen war für Heinrich III. eine Selbstverständlichkeit, obwohl er den Anhängern der Kirchenreform durchaus wohlwollend gegenüberstand. Er bemühte sich, geeignete Kandidaten auszuwählen und die Ämter nicht so offensichtlich wie sein Vater gegen »Gebühr« zu vergeben, doch an seinem prinzipiellen Recht der Bischofseinsetzung ließ er nicht rütteln. Immer öfter setzte er sich dabei über die Wünsche des Hochadels hinweg, machte verdiente Mitglieder seiner Hofkapelle zu Bischöfen und übergab bei der Investiturzeremonie nicht nur den Stab, sondern neuerdings auch den Ring. Beide Insignien, Stab und Ring, galten als geistliche Symbole: Der Stab versinnbildlichte die Amtsgewalt des Hirten über seine Herde, der Ring die unverbrüchliche Treue des Bischofs zu seiner Gemeinde.

Für die kirchlichen Reformkreise bedeutete die zeremonielle Übertragung von Stab und Ring durch den König eine »Vorwegnahme« der Bischofsweihe, da der eigentlich vom Kirchenrecht vorgesehene Ablauf der Kandidatenkür dadurch gestört wurde. Das Misstrauen gegen diese Praxis wuchs allmählich, und Heinrich III. tat nichts, um dieses um sich greifende Unbehagen aus der Welt zu schaffen. Ganz im Gegenteil: Während seines Italienzuges 1046 goss der selbstbewusste Herrscher noch Öl ins Feuer. Heinrich war ausgezogen, um sich in Rom zum Kaiser krönen zu lassen, doch dort herrschten wieder einmal verworrene Zustände. Papst Benedikt IX. hatte mit einem Gegenpapst Silvester III. zu kämpfen und trat schließlich resigniert sein Amt gegen eine hohe Geldzahlung an seinen eigenen Taufpaten ab, der als Gregor VI. den Stuhl Petri bestieg. Dieser Mann stand der Kirchenreform durchaus freundlich gegenüber und genoss einen ansonsten untadeligen Ruf, wenn er nicht ausgerechnet durch simonistische Machenschaften ins Amt gekommen wäre. Noch während seines Vormarsches Richtung Rom kamen Heinrich III. die unhaltbaren Zustände zu Ohren. Da er sich nicht von einem Simonisten zum Kaiser krönen lassen wollte, berief er kurz vor Weihnachten 1046 zwei Synoden nach Sutri und Rom ein, auf denen die Angelegenheit beraten wurde. Keiner der drei Päpste fand Gnade vor den Augen des gestrengen Herrschers, sodass alle drei abgesetzt oder zum Amtsverzicht gezwungen wurden. Gregor VI. musste sich »freiwillig« schuldig bekennen und mit seinem Kaplan Hildebrand, dem späteren Papst Gregor VII., nach Köln ins Exil gehen, wo er bald darauf starb. Als neuen Papst setzte Heinrich den Bamberger Bischof Suidger ein, der ihn als Clemens II. unmittelbar nach seiner eigenen Inthronisation in Rom zum Kaiser krönte. Dieses Verfahren war ein Schlag ins Gesicht der Kirchenreformer: Ausgerechnet der König, der andere wegen Ämterkaufs maßregelte, ließ sich von einem selbst installierten Papstkandidaten die Krone aufs Haupt setzen! Noch anmaßender konnte man die königliche Verfügungsgewalt über die Kirche nicht demonstrieren. Da half es auch nicht, dass Heinrich III. unmittelbar nach seiner Kaiserkrönung rasch den patricius-Titel annahm, um sein Handeln im Nachhinein zu rechtfertigen. Die Gemüter waren schon in Wallung geraten: »Wo steht denn geschrieben, dass die Kaiser die Stellvertretung Christi haben?«, schrieb erbost ein unbekannter Autor knapp zwei Jahre nach den Ereignissen. »Dieser gottverhasste Kaiser zögerte nicht, eine Absetzung vorzunehmen, obwohl ihm noch nicht einmal zustand, zu wählen. Er wählte, obwohl er kein Recht hatte, jemanden aus dem Amt zu jagen.« Und auch Bischof Wazo von Lüttich soll dem König schwere Vorhaltungen gemacht haben. Als Heinrich sich auf seine sakrale Würde berief, hielt ihm der Bischof mutig entgegen: »Das, was ihr eure Weihe nennt, ist etwas völlig anderes und weit entfernt von der priesterlichen Weihe, denn durch Eure Weihe werdet Ihr zum Töten bestimmt. Wir aber werden durch unsere Weihe mit der Hilfe Gottes dazu erhoben, zum Leben zu verhelfen. Um wie viel das Leben den Tod überragt, um so viel überragt ohne Zweifel unsere Weihe Eure Weihe.« Das waren markige Worte, welche die Schärfe des künftigen Konflikts erahnen ließen.

Der unbelehrbare Monarch, der nach dem frühen Tod Clemens' II. noch weitere Male in die Papstwahl eingriff, pflegte auch gegenüber seinen weltlichen Großen einen ziemlich autoritären Regierungsstil. Die zu wenig auf Konsens ausgerichtete Politik provozierte Aufstände mächtiger Magnaten wie des Herzogs Gottfried von Lothringen, der sich eine jahrelang wütende Fehde mit dem König lieferte. Am Ende seines Lebens sah sich der Kaiser herber Kritik und einer mächtigen Fürstenopposition ausgesetzt. Schon 1047 war ein Attentat auf ihn geplant, ab 1052 formierte sich hinter seinem Rücken erneut eine umfassende Verschwörung in den süddeutschen Herzogtümern, die nur durch den plötzlichen Tod der Drahtzieher nicht zur Ausführung kam. Ziemlich offen trachtete man dem Herrscher nach dem Leben. »Zu dieser Zeit murrten sowohl die Reichsfürsten als auch die Geringeren immer häufiger gegen den Kaiser«, berichtet eine zeitgenössische Quelle. Dass die große Eskalation ausblieb, war nur dem Umstand zu verdanken, dass Heinrich III. während eines Jagdaufenthalts im Harz völlig unerwartet mit knapp 39 Jahren starb. Er hinterließ dem Reich einen minderjährigen Sohn und jede Menge Spannungen.

Die Kontrahenten – Gregor VII. und Heinrich IV.

Mit wachen Augen beobachtete ein junger Kleriker namens Hildebrand die Vorgänge von Sutri und Rom, die für ihn ganz unmittelbare und persönliche Auswirkungen hatten. Hildebrand, der spätere Papst Gregor VII., musste sein geliebtes Rom, die Stadt seiner Kindheit und Jugend verlassen, um seinem Dienstherrn, Papst Gregor VI., ins Kölner Exil zu folgen. Es dürfte ihm nicht leicht gefallen sein, das sonnige Rom mit dem kalten Norden zu vertauschen, gleichwohl trug er diese Bürde gern, sah er in dem abgesetzten Papst doch den rechtmäßigen Amtsinhaber. »Ihr wisst«, schrieb er einmal in einem Brief, »dass ich (…) gegen meinen

Willen mit meinem Herrn, Papst Gregor, über die Alpen gezogen bin«. Während also am Weihnachtstag 1046 im Lateranpalast das offizielle Krönungsmahl für den frisch gekürten Kaiser Heinrich III. und seine Gattin Agnes gereicht wurde, packte Hildebrand die Koffer für einen unbefristeten Aufenthalt am Rhein. Zeitgenossen beschrieben ihn als klein von Statur und von niedriger Herkunft. »Er, vor dem viele zittern, ist als Einziger kleiner als ich«, staunte der gelehrte Petrus Damiani. Und auch Abt Hugo von Cluny schilderte ihn als kleinen, zierlichen Mann niederer Abkunft. Trotz oder gerade wegen seiner körperlichen Zartheit hatte Hildebrand einen außergewöhnlich starken Charakter. Unbeirrbar, resolut und äußerst sendungsbewusst führte er später als Papst sein Regiment über die Kirche, sodass er gar manchem als halsstarrig, kompromisslos und beratungsresistent erschien. »Heiliger Satan«, »Zuchtrute Gottes«, »Höllenbrand« lauteten die Bezeichnungen, mit denen die Quellen den rigorosen Kirchenreformer bedachten. Selbst so enge Weggefährten wie Petrus Damiani fühlten sich von dem temperamentvollen Hildebrand häufig vor den Kopf gestoßen: »Er fährt mich an mit verletzender Wucht wie wütender Nordwind«, schrieb er. »Ich frage mich voller Verwunderung, ehrwürdiger Bruder«, richtete Damiani das Wort einmal an Hildebrand persönlich, »warum dein erhabener Sinn bei keiner Gelegenheit sich mir gegenüber sanft erzeigt. Nicht ein einziges gutes Wort, zumal wenn ich abwesend bin, sei es an mich oder über mich, bringt er hervor.« Ein Mann der Freundschaft scheint Hildebrand nicht gewesen zu sein – Verbindlichkeiten zu schaffen, soziale Kontakte zu pflegen, auf andere zuzugehen, gehörte nicht zu seinen Stärken. Diese Unnachgiebigkeit schützte ihn jedoch zugleich vor jedem »faulen Kompromiss«. Seine Ziele verlor er nie aus den Augen, und so konnte ihm auch das Exil, das er nach dem Tod Gregors VI. mutterseelenallein aussitzen musste, nicht wirklich etwas anhaben. Ganz im Gegenteil, er gewöhnte sich rasch an seine neue Umgebung und fühlte sich allem Anschein nach unter den Klerikern des Kölner Erzstifts sehr wohl. Diese folgten in ihrem Zusammenleben einer strengen Kanonikerregel, die dem Kirchenreformer Hildebrand natürlich hoch willkommen war. Als Kanoniker bezeichnete man jene Kleriker, die den liturgischen

Dienst an Kathedral-, Bischofs- oder Stiftskirchen versahen, und dabei ein Gemeinschaftsleben führten, das im Zuge der Kirchenreform immer stärker auf ein Leben in persönlicher Besitzlosigkeit nach dem Vorbild der Urkirche ausgerichtet wurde. Das Kölner Erzstift zählte zu den strengsten seiner Art in Deutschland, und Hildebrand erinnerte sich später in besonders warmen Worten an diese Zeit. Die Verbundenheit rührte daher, dass der Gast aus dem fernen Süden selbst lange Jahre als Kanoniker am Lateran gelebt hatte und sich deshalb in Köln im Kreise Gleichgesinnter bewegte. Ungebrochen, ja gestärkt in seinen Überzeugungen verbrachte Hildebrand die Jahre in der Fremde und kehrte im Gefolge des neuen Papstes Leo IX. im Februar des Jahres 1049 nach Rom zurück.

Eine Karriere in der Metropole Rom

Über Herkunft und Kindheit Hildebrands ist so gut wie nichts überliefert. Die Angaben seines Geburtsjahres schwanken zwischen 1019 und 1030 – wahrscheinlich wurde er zwischen 1020 und 1025 in der südlichen Toskana geboren. Als Geburtsort gilt gemeinhin Sovana, ein kleiner Ort nicht weit vom Lago di Bolsena. Über seine Familie schweigen sich die Quellen aus, doch ist den vagen Hinweisen zu entnehmen, dass er wohl nicht der Oberschicht entstammte. Aus dem Dunkel der Geschichte tritt Hildebrand erst hervor, als er zur Erziehung nach Rom gebracht wurde. »Der heilige Petrus hat mich seit dem Knabenalter in seinem Haus aufgezogen«, berichtete Hildebrand selbst an mehreren Stellen. Der Apostelfürst habe ihn von Kindesbeinen an »unter seinen Flügeln mit ganz eigenartiger Zuwendung aufgezogen« und ihn im »römischen Palast erzogen«. Entgegen der früheren Meinung, Hildebrand sei in einem Kloster auf dem Aventin aufgewachsen und dort später Mönch geworden, nimmt man heute an, dass mit dem »römischen Palast« der Lateran gemeint ist.

Der Lateran: Dieser Ort besaß eine ganz besondere Aura, denn er war nicht weniger als das pulsierende Herz der römischen Kirche, das Zentrum der päpstlichen Herrschaft und Verwaltung. Dort also wuchs Hildebrand auf und erhielt seine Ausbildung von den örtlichen Kanonikern, bevor er selbst in diesen Kreis eintrat. Der Lateran eröffnete dem Jungen aus der Provinz eine völlig neue Welt, die ihn zutiefst geprägt haben dürfte. Seit dem 4. Jahrhundert war der ausgedehnte Baukomplex im südöstlichen Teil der Ewigen Stadt an der Aurelianischen Mauer der offizielle Wohn- und Amtssitz der Bischöfe von Rom, die von hier aus die Belange der Stadt und der Kirche leiteten. Die mächtige, noch von Konstantin dem Großen grundgelegte und dem Erlöser geweihte Basilika – später San Giovanni in Laterano – nahm als Bischofskirche des Papstes eine herausragende Stellung in dem an Kirchen gewiss nicht armen Rom ein. Sie galt als »Haupt und Spitze aller Kirchen in der ganzen Welt«, hatte doch nach allgemeiner Vorstellung von hier aus das Christentum seinen Siegeszug über den Erdkreis angetreten. »Diese zu Ehren des Erlösers gegründete Kirche ist die Krönung und der Gipfel der gesamten christlichen Religion; sie ist, um es anders auszudrücken, die Kirche aller Kirchen und das Heiligtum aller Heiligtümer«, schrieb Petrus Damiani begeistert. Während der Vatikan außerhalb des eigentlichen Stadtzentrums lag und erst nach der Rückkehr der Päpste aus dem Exil in Avignon im späten 14. Jahrhundert zur prachtvollen Residenz ausgebaut wurde, schlug das Herz der »Mutter Kirche« für alle sichtbar und erfahrbar zunächst im Lateran. Die Basilika verfügte über eine Reihe bedeutender Reliquien und nahm dadurch im liturgischen Leben der Stadt einen zentralen Platz ein. Eines der bedeutendsten Feste feierten die Römer am 15. August zu Ehren Marias, wobei eine im Lateran aufbewahrte Christus-Ikone auf einem Tragaltar feierlich nach Santa Maria Maggiore überführt und dort in der Nähe der Marien-Ikone aufgestellt wurde. Hildebrand dürfte die nächtliche Zeremonie im Fackelschein unter hundertfachem Singen des Kyrieeleison miterlebt haben, wie er gewiss auch die Festivitäten zum Weihetag der Erlöserbasilika am 9. November, einem besonders populären Fest, mitzelebriert hat. Welchen Eindruck die einzigartige christliche Liturgie in den halb verfallenen Resten der Antike in der Stadt auf ihn machte, ist nicht überliefert. Mit Sicherheit wird der Junge die überwucherten Ruinen der antiken Bauwerke, die überall noch sichtbar waren, nicht übersehen haben. Unzählige Male wird er vermutlich das imposante Reiterstandbild des Marc Aurel bewundert haben, das auf dem Lateranvorplatz stand, oder die berühmte etruskische Bronzewölfin ganz in der Nähe. Mehr noch als die altersmorschen Relikte wirkten auf ihn vermutlich die Mosaiken und Fresken im Innern des Laterans, die unmissverständlich den Anbruch des neuen, christlichen Zeitalters und seines Sachwalters, des Papstes, feiern. In der großen Versammlungs- und Speisehalle der Aula Leonina, die unter Papst Leo III. (795–816) errichtet wurde, zeigt ein großes Mosaik in der Hauptapsis die Aussendung der Apostel durch Christus, das durch zwei weitere Darstellungen an der Stirnfront ergänzt wird. Im linken Bild übergibt Jesus die Schlüssel an Petrus und die Fahnenlanze an Konstantin den Großen, in der rechten Abbildung jedoch rückt Petrus in den Mittelpunkt der Szene: Er übergibt Leo III. das Pallium als Zeichen der geistlichen Macht, die Fahne der Stadt Rom als Zeichen der weltlichen Macht an Karl den Großen. So wird Petrus in die direkte Christusnachfolge gerückt und gleichzeitig der Anspruch der Petrus-Nachfolger auf geistliche wie weltliche Autorität herausgestellt. Weitere Szenen zu den Apostelleben und der Rolle des Paulus als »Lehrer der Völker« befinden sich im zweiten Festsaal Leos III., in der Sala del Concilio. Die Botschaft von der dominanten Stellung der römischen Kirche in der ganzen Christenheit und von der Autorität des Papsttums empfing Hildebrand folglich schon in frühen Jahren. Das blieb nicht ohne Einfluss auf seine Persönlichkeitsentwicklung.

Mit seiner Rückkehr nach Rom Anfang 1049 begann Hildebrands stetiger Aufstieg innerhalb der Kirche. Er wurde Rektor des Klosters St. Paul vor den Mauern und einer der Kustoden des Petersaltars, stieg zum Subdiakon auf, übernahm Legationen nach Frankreich und an den salischen Hof und fand sich spätestens im Januar 1059 im Amt des Archidiakons der römischen Kirche wieder. Als solcher stieg Hildebrand zum Stellvertreter des Papstes auf und hatte während der Vakanzen des Heiligen Stuhls die Geschäftsführung inne. Diese Position ermöglichte es ihm, als »graue Eminenz« im Hintergrund die Fäden päpstlicher Politik zu ziehen. So bestimmte er die im Sinne der Kirchenreform recht weit gehenden Leitlinien des Laterankonzils von 1059 mit, wobei er besonderen Wert auf die Rolle Roms als »Mutter aller Kirchen« sowie auf eine asketische Lebensweise der Kleriker und unter ihnen vor allem der Kanoniker legte. Es machte schon das böse Bonmot die Runde, Hildebrand füttere »seinen Nikolaus im Lateran wie einen Esel im Stall«. Nach dem Tod Nikolaus' II. 1061 bemühte sich der mächtige Archidiakon sofort um eine Neubesetzung des päpstlichen Stuhls, ohne dabei auf das Vorgehen des salischen Hofes zu achten, der mit Honorius II. bereits eine eigene Wahl getroffen hatte. Hildebrand dagegen holte die Normannen als Schutzmacht nach Rom und ließ in der Kirche St. Peter zu den Ketten einen Anhänger der Reformpartei, Bischof Anselm von Lucca, zum neuen Papst wählen und noch in der gleichen Nacht inthronisieren. Regelkonform lief diese Papstwahl nun wirklich nicht ab, doch der allgemein geachtete Alexander II., wie er sich als Papst nannte, setzte sich nach militärischen Scharmützeln und einem Umschwenken der Hofpartei schließlich gegen Honorius durch. Damit sicherte sich Hildebrand bestimmenden Einfluss auf die päpstliche Politik, die nun ganz im Sinne der Reformer gestaltet wurde. Insbesondere in der Frage der Bistumsbesetzungen zeichneten sich erste harsche Konfrontationen mit dem Königtum ab, als Alexander II. im Mailänder Bischofsstreit auf seinem Kandidaten beharrte und einige Räte Heinrichs IV. bannte.

An der Spitze der Christenheit

Der überraschende Tod Alexanders II. 1073 brachte die große Stunde des Herrn Hildebrand. Als Archidiakon hatte er die Begräbnisfeierlichkeiten im Lateran zu leiten, in deren Verlauf es zum Eklat kam. Lauthals forderte das Volk »Hildebrand Papst!«, und als der Trauerzug die Kirche St. Peter zu den Ketten passierte, zerrte man den Widerstrebenden einfach hinein und inthronisierte ihn mit Hilfe des anwesenden Kardinalklerus und im Beisein von Bischöfen, Äbten, Klerikern und Mönchen sowie einer großen Volksmenge buchstäblich im Handumdrehen. Inwieweit das Geschehen abgesprochen war, bleibt im Dunkeln, Gregor rechtfertigte sich jedenfalls später mit dem Hinweis, er sei von den Vorgängen komplett überrumpelt worden. »Wie Wahnsinnige haben sie sich auf mich gestürzt und mir keine Gelegenheit zum Sprechen oder zur Beratung gelassen.« Erst Wochen später wurde er zum Priester geweiht. Dieser tumultuarische Akt widersprach zwar in allen Punkten dem Papstwahldekret von 1059, das Hildebrand selbst mitinitiiert hatte, doch nahm er trotzdem diese »Inspirationswahl«, wie er sie nannte, dankbar an. Einmal auf dem Stuhl Petri, konnte ihn nichts und niemand mehr davon vertreiben. Nun hatte er endlich die Möglichkeit, die Reformziele, für die er jahrelang gekämpft hatte, zu verwirklichen. Und Hildebrand, der sich als Papst Gregor VII. nannte, zögerte nicht lange, die Zügel der Kirche fest in die Hand zu nehmen. Sofort begann er eine ausgedehnte Korrespondenz, die Fürsten und Könige, Bischöfe und Äbte in allen Winkeln Europas erreichte und mit guten Ratschlägen eindeckte. Dabei machte Gregor von vornherein klar, dass er bereit war, mit alten Gewohnheitsrechten zu brechen, wenn diese den Zielen der Kirchenreform im Wege standen. »Christus hat nicht gesagt, ich bin die Gewohnheit, sondern die Wahrheit«, rechtfertigte er seine unnachgiebige Haltung. Und dem König von Dänemark erklärte er, dass nur Christus der wahre Weltenherrscher wäre, dem sich alle zu beugen hätten: »Mehr Länder bindet nämlich das Gebot der römischen Bischöfe als das der Kaiser; in alle Länder erging ihr Wort, und über die Augustus herrschte, herrschte auch Christus.« Fleißig ermahnte der neue Oberhirte die Könige von England, Spanien und Ungarn, forderte von ihnen Gehorsam und Unterwerfung unter die päpstliche Autorität, womit er deutlich machte, dass für ihn auch die gekrönten Häupter Laien waren, die seiner geistlichen Führerschaft unterworfen sind. Harsche Worte fand er für den französischen König Philipp I., der seine Pflichten als »ordentlicher« König vernachlässigte und nichts weniger als ein »reißender Wolf«, ein »ungerechter Tyrann«, ein »Feind Gottes und der Religion« sei. Im gleichen temperamentvollen Ton wandte sich Gregor auch an seine Bischöfe, von denen er rigoros die Anerkennung des päpstlichen Primats in allen Fragen des Kirchenrechts und der Disziplin verlangte. Unbarmherzig zitierte er jeden nach Rom, der sich seinen Wünschen und Anordnungen widersetzte. Die Erzbischöfe von Mainz, Bremen, Köln und Trier bekamen seit Gregors Amtsantritt häufig ungebetene Post, die zum Teil harsche Vorwürfe gegen ihre Amts- oder Lebensführung enthielt. Da wurde bemängelt, dass den päpstlichen Legaten nicht der gebührende Vorsitz in den Reichssynoden eingeräumt worden war, dass zu lax mit Vorwürfen gegen einzelne Priester wegen Simonie umgegangen und der Kontakt zu Rom nicht im gewünschten Umfang gepflegt werde. In solchen Fällen drohte rasch die Suspendierung, die nur durch persönliches Erscheinen in Rom und durch eine überzeugende Rechtfertigung vor dem päpstlichen Tribunal wieder rückgängig gemacht werden konnte. Die Bischöfe zeigten sich von Gregors Vorpreschen meist äußerst ungehalten, fühlten sie sich doch als Nachfolger der Apostel, die ihre Gemeinden aus eigener Autorität heraus leiteten. »Dieser gefährliche Mensch will den Bischöfen, was immer er will, befehlen, so als wären sie seine Gutsverwalter«, klagte Erzbischof Liemar von Bremen.

Das hielt Gregor freilich nicht davon ab, auf dem einmal eingeschlagenen Weg tapfer voranzuschreiten. Mitten in sein Briefregister schrieb er im März 1075 eine Auflistung der päpstlichen Vorrechte. Der Papst hatte beim Briefeschreiben offenbar pausiert und 27 prägnante Leitsätze formuliert, die in ihrer Zuspitzung und Verdichtung ungeheuren Zündstoff bargen. Das als »Dictatus papae« bekannte Dokument war offenbar nicht zur Veröffentlichung gedacht, zeigt dafür aber umso deutlicher, welch hohe Auffassung der Verfasser von sich und seinem Amt besaß. Gregor sah die römische Kirche als allein vom Herrn gegründet und betrachtete daher das Papsttum in der Nachfolge des Apostels Petrus als geheiligt und universal. Niemand könne den Heiligen Stuhl richten, vielmehr stelle umgekehrt der Papst die höchste kirchenrechtliche Instanz dar, die jedes Urteil neu verhandeln und sogar neue Gesetze kraft eigener Autorität erlassen dürfe. Sogar Bischöfe könne der Papst ohne Synodalbeschluss ein- und absetzen, neue Pfarreien bilden, Bistümer teilen oder zusammenlegen. Außerdem stünden ihm alle kaiserlichen Herrschaftszeichen zu, alle Fürsten hätten ihm die Füße zu küssen. Waren einige dieser Passagen zumindest ansatzweise von der Tradition gedeckt, formulierte Gregor souverän auch eine Reihe ganz neuer Ansprüche, für die es überhaupt keine Vorbilder gab. Dem Papst sei es gestattet,

Zeugnis päpstlichen Machtanspruchs – der »Dictatus papae«

Im Briefregister Gregors VII. findet sich zwischen dem 3. und 4. März 1075 ein Dokument, welches das Amtsverständnis des Papstes, seine Stellung innerhalb der Kirche und sein Verhältnis zur weltlichen Gewalt in 27 kurzen Leitsätzen auf den Punkt bringt. Neben altbewährten Grundsätzen enthält der »Dictatus papae« auch revolutionär Neues, wie das Recht zur Absetzung des Kaisers. Veröffentlicht wurde das brisante Schriftstück anscheinend nicht, gleichwohl zeigt es, in welchen Dimensionen Gregor VII. dachte.

Zu lesen ist darin:

1. »Dass die römische Kirche vom Herrn allein gegründet worden ist.«
2. »Dass allein der römische Papst mit Recht universal genannt wird.«
3. »Dass er allein Bischöfe absetzen und wieder einsetzen kann.« (...)
7. »Dass es allein ihm erlaubt ist, entsprechend den Erfordernissen der Zeit neue Gesetze zu erlassen, neue Gemeinden zu bilden, ein Kanonikerstift zur Abtei zu machen und umgekehrt, ein reiches Bistum zu teilen und arme zu vereinigen.«
8. »Dass er allein die kaiserlichen Herrschaftszeichen verwenden kann.«
9. »Dass alle Fürsten nur des Papstes Füße küssen.« (...)
12. »Dass es ihm erlaubt ist, Kaiser abzusetzen.« (...)
17. »Dass kein Rechtssatz und kein Buch ohne seine Autorisierung für kanonisch gilt.«
18. »Dass sein Urteilsspruch von niemandem widerrufen werden darf und er selbst als Einziger die Urteile aller widerrufen kann.«
19. »Dass er von niemandem gerichtet werden darf.« (...)
21. »Dass die wichtigsten Streitfragen jeder Kirche an ihn übertragen werden müssen.« (...)
23. »Dass der römische Bischof, falls er kanonisch eingesetzt ist, durch die Verdienste des heiligen Petrus unzweifelhaft heilig wird.« (...)
26. »Dass nicht für katholisch gilt, wer sich nicht in Übereinstimmung mit der römischen Kirche befindet.«
27. »Dass er Untergebene vom Treueid gegenüber Sündern lösen kann«.

so behauptete er, Kaiser abzusetzen und die kaiserlichen Untertanen vom Treueid zu lösen. Ungehorsam gegen-über der Kirche sei gleichzusetzen mit dem Übel des Irrglaubens. Solche Forderungen hatte vor ihm noch niemand gestellt. Unverhohlen griff Gregor nach der alleinigen Herrschaft über die Kirche und unterstellte auch die weltliche Macht großherzig seinem Primat. Dass er damit das Gottesgnadentum der Könige fundamental in Frage stellte, schien den kämpferischen Kirchenreformer nicht zu schrecken.

Der König, ein Kind

Dem prinzipientreuen Gregor stand auf der anderen Seite der Alpen ein Monarch gegenüber, der nicht weniger starrköpfig agierte als er selbst. Heinrich IV. galt bei seinen Zeitgenossen als schwierig im Umgang, als sprunghaft und unberechenbar, auch als treu- und prinzipienlos. Es gab wohl keinen anderen Herrscher seiner Zeit, der so unbeliebt war wie er. Zwar ist ein Urteil über ihn schwierig, weil überwiegend kirchentreue Chronisten über die Vorgänge berichten, doch darf man getrost davon ausgehen, dass ein Monarch mit derart »schlechter Presse« seine Schattenseiten hatte. Die charakterlichen Mängel des Saliersprosses dürften ihre Ursache in seiner schwierigen Kindheit haben. Misstrauen, Neid, Intrigen prägten die Atmosphäre seines engsten Umfelds. Heinrich wurde im November 1050 als lang ersehnter erster Sohn Heinrichs III. und der Agnes von Poitou geboren und schon als Dreijähriger in Aachen zum König gesalbt. Die Fürsten hoben ihn allerdings unter dem Vorbehalt auf den Thron, dass er ihnen »ein gerechter Leiter« sein möge, um deutlich zu machen, dass ihr Wahlrecht durch die Designation seitens des Vaters nicht hinfällig geworden war. Auf den Schultern des schwachen Kindes ruhte daher bereits eine hohe Verantwortung, als Heinrich III. 1056 starb. Das unmündige Kind stand zunächst unter der Vormundschaft seiner Mutter Agnes sowie wechselnder Erzieher und Berater, unter denen es aber immer wieder zu tiefgreifenden Meinungsverschiedenheiten um den politischen Kurs kam. Insbesondere das Verhältnis zum römischen Reformpapsttum und die zwischen dem kaiserlichen Kandidaten Honorius II. und dem von Reformkreisen gewählten Alexander II. strittige Papstwahl erregte die Gemüter. Vermutlich auf Grund dieser Differenzen »putschte« im Jahr 1062 eine Gruppe hochrangiger geistlicher und weltlicher Fürsten unter Leitung von Erzbischof Anno von Köln, um den Königssohn in die eigenen Hände und dadurch Einfluss auf die Regierungsgeschäfte zu bekommen. Für Heinrich war das ein traumatisches Erlebnis. Die Verschwörer lockten ihn im April 1062 nach einem festlichen Mahl auf ein bei Kaiserswerth im Rhein ankerndes Schiff, das sie besonders prächtig ausgestattet hatten, um die Neugier des Jungen zu wecken. Als Heinrich an Bord war, legte das Boot plötzlich in Richtung Köln ab. Völlig verschreckt stürzte sich der Elfjährige in den Rhein und konnte von Graf Ekbert von Braunschweig gerade noch vor dem Ertrinken gerettet werden. Gegen seinen Willen wurde Heinrich nach Köln an den Hof des Erzbischofs gebracht und für die nächsten zwei Jahre von seiner Mutter ferngehalten. Mit Anno von Köln übernahm ein machtbewusster Kirchenmann die Regierungsgeschäfte, der dafür sorgte, dass der Reformpapst Alexander II. vorerst die nötige Anerkennung im Reichsepiskopat fand. Die Machtübernahme durch den Kölner Erzbischof löste ansonsten aber keine Probleme, ganz im Gegenteil, es herrschten auch weiterhin Missgunst und Streit am königlichen Hof. Denn neben Anno griffen die Erzbischöfe Siegfried von Mainz und Adalbert von Hamburg-Bremen in die Amtsgeschäfte ein, immer darauf hoffend, eigenen Gewinn und Vorteile zu erzielen. Vor allem Erzbischof Adalbert, ein nach dem Zeugnis der Quellen »von Stolz und Hochmut aufgeblasener Mann«, übte unguten Einfluss auf den politisch unerfahrenen König aus. Er rede dem Herrscher nach dem Mund, unterstütze ihn in seinem jugendlichen Leichtsinn und bestätige ihn in seiner Haltung, sich von nichts und niemandem reinreden zu lassen, hieß es. Nach Heinrichs Volljährigkeit 1065 gelang es dem ehrgeizigen Bremer, die übrigen Berater zu verdrängen und den jungen König mit Schmeicheleien derart zu dominieren, dass dieser ihm sogar territorialpolitische Zugeständnisse machte und ihm die wichtigen Reichsabteien Corvey und Lorsch übertrug. Das war jedoch für die anderen Berater nicht mehr hinnehmbar, sodass der unbeliebte Erzbischof durch das Ränkespiel der übrigen Reichsfürsten auf einem Hoftag 1066 in Trebur schließlich gestürzt und des Hofes verwiesen wurde. Heinrich musste nun wieder mit den Parteigängern des Kölner Erzbischofs zusammenarbeiten, wovon er gewiss nicht begeistert war. Zeitlebens blieb sein Verhältnis zu Anno mehr als unterkühlt.

Ein Herrscher auf Konfrontationskurs

Die ständigen Querelen bei Hof bestärkten den Salier in seiner Auffassung, am besten allein und ohne Berater regieren zu können. Er suchte nun weniger den Konsens mit seinen Großen, wie es in der mittelalterlichen Herrschaftspraxis eigentlich üblich war, sondern ging mehr und mehr zu einem autoritären Regierungsstil über, der allerdings auf allgemeine Ablehnung stieß. Die ersten, die Heinrichs hartes Regiment zu spüren bekamen, waren die Sachsen, auf deren Gebiet er zur Stärkung der Königsmacht eine Reihe befestigter Burgen anlegen ließ. Der Harzraum mit seinen reichen Silbergruben und Erzvorkommen gehörte zu den wirtschaftsstärksten Gebieten des Reichs – die Durchsetzung der königlichen Herrschaft dort kam einer machtpolitischen Stärkung der Zentralgewalt gleich. Heinrich hoffte, die Region mit einem regelrechten Burgenbauprogramm unter seine Kontrolle zu bekommen. Die erste und größte dieser Burgen war die südöstlich von Goslar auf einem hohen Bergsporn gelegene Harzburg, die nach neuesten Erkenntnissen als Höhenburg mit starkem Mauerwerk, Tor- und Rundtürmen errichtet wurde. Im ganzen Harzraum wuchsen nun solche Befestigungsanlagen in exponierter Lage aus dem Boden und wurden mit Dienstmannen aus Schwaben besetzt. Das empfanden die Sachsen als offene Provokation, zumal der König es versäumte, die einheimischen Großen in den Entscheidungsprozess einzubinden. Der Geschichtsschreiber Lampert von Hersfeld beschrieb die Folgen der königlichen Politik: »Auf allen Bergen und Hügeln Sachsens und Thüringens errichtete er stark befestigte Burgen und legte Besatzungen hinein. Da diese nicht ausreichend Lebensmittel hatten, erlaubte er ihnen, sich aus den benachbarten Dörfern und Feldern wie im Feindesland Beute zu holen. Auch durften sie die Einwohner der Umgebung zwingen, die Burgen aufzubauen, genügend Baumaterial herbeizuschaffen und persönlich wie Sklaven im Schweiße ihres Angesichts zu fronen.«

Gegen diese »Zwangsherrschaft« lehnten sich die Sachsen auf, die nicht einsehen konnten, dass der König im eigenen Land solche Befestigungen brauchte. Doch statt seine Vorgehensweise zu erklären und mit den Betroffenen zu sprechen, düpierte Heinrich die sächsischen Großen, die um eine Aussprache in dieser Angelegenheit gebeten hatten, auf einem Hoftag in Goslar 1073 noch zusätzlich. Die vor der Königspfalz versammelten Bischöfe, Herzöge und Grafen ließ er brüsk bis zum Abend warten, ohne sie vorzulassen. Mit diesem äußerst ungeschickten Verhalten provozierte er eine gewaltige Aufstandsbewegung, die ihn an den Rand des Ruins trieb. Unter Führung des angesehenen sächsischen Adligen Otto von Northeim, der zu den persönlichen Gegnern Heinrichs zählte, nachdem dieser ihm das Herzogtum Bayern entzogen hatte, verschworen sich die Sachsen gegen den König und zwangen ihn mit Heeresmacht zur Flucht aus der Harzburg. Heinrich musste die übrigen Reichsfürsten fußfällig um Hilfe bitten und nach intensiven Verhandlungen schließlich im Frühjahr 1074 im Frieden von Gerstungen seine Politik komplett revidieren. Die Aufständischen erhielten die Zusage, dass alle Burgen geschleift und die alten Gewohnheitsrechte der Sachsen nicht mehr verletzt würden. Der König verpflichtete sich zudem, die sächsischen Adligen bei allen Entscheidungen hinzuzuziehen.

Trotz dieser tiefgreifenden Schlappe war Heinrich nicht bereit, seinen Regierungsstil grundsätzlich zu ändern. Sobald sich Gelegenheit bot, schlug er unbarmherzig zurück. Als es bei den Rückbaumaßnahmen der Burgen zu Übergriffen von Seiten der Sachsen kam, in deren Verlauf die Harzburg zerstört und die Königsgräber der Pfalzkirche geplündert wurden, hatte Heinrich einen hinreichenden Grund, seine Getreuen um sich zu scharen. Diese Grabschändung galt es zu rächen. Wiederum ließ er den Sinn für das rechte Maß vermissen – statt Milde walten zu lassen und die Sachsen trotz ihres Frevels mit einer gnädigen Geste zu versöhnen, sammelte er ein gewaltiges Heer, um die Rebellen mit geballter Militärmacht zu unterwerfen. Noch nie, staunte Lampert von Hersfeld, sei ein so großes Heer gegen einen Feind im eigenen Land zusammengezogen worden. »Was es im Reich an Bischöfen gab, was an Herzögen, was an Grafen, was an kirchlichen und weltlichen Würdenträgern, alle waren hier versammelt und hatten ihre Kraft und Macht auf diesen Krieg gerichtet.« In der Schlacht bei Homburg an der Unstrut erfocht Heinrich IV. am 9. Juni 1075 einen überragenden Sieg – doch zu welchem Preis. Das sächsische Fußvolk wurde nach dem Zeugnis der Chronisten »abgeschlachtet wie Vieh«, der Boden des Schlachtfelds war dunkelrot vom Blut der Gefallenen. Im Triumph und voller Freude sei der König am Abend in sein Lager zurückgekehrt. Mit diesem Gemetzel hatte Heinrich allerdings seinen Kredit verspielt. Die Herzöge Rudolf von Schwaben, Welf von Bayern und Berthold von Kärnten verweigerten ihm die weitere Gefolgschaft, weil sie »das unnütz vergossene Blut« reute. Nur wenige Tage später ergaben sich die sächsischen Großen bedingungslos, wobei sich Heinrich auch in dieser Situation kompromisslos bis zum Starrsinn zeigte. Anstatt den sächsischen Adel zu begnadigen, ließ er ihn entgegen seiner zuvor gegebenen Zusage in Haft nehmen und an verschiedenen Orten des Reiches internieren.

König Heinrich, der Unbeliebte

Das Reich war am Ende der Auseinandersetzung zutiefst gespalten. Erstmals sprechen die Quellen in diesem Zusammenhang vom »bellum civile«, vom Bürgerkrieg, da auf beiden Seiten der Front Angehörige derselben Geschlechter gekämpft hatten. Der König, dessen Aufgabe es war, Frieden und Ordnung im Innern zu sichern, hatte einen Konflikt losgetreten, der das Reich ins Unglück stürzte. Dem Gebot von Gerechtigkeit und Milde hatte er nicht entsprochen. Nicht nur die Sachsen stellten sich daher allen Ernstes die Frage, ob dieser Saliersspross zum Herrschen überhaupt geeignet sei. Ein Gottesgnadentum, das sich nicht mehr an christliche Tugenden gebunden sah, fand bei den Zeitgenossen keine Anerkennung, erschien ihnen vielmehr als bloße Tyrannei. Zunehmend trat nun auch Heinrichs Lebensführung in den Mittelpunkt der Kritik. Neben den politischen Anwürfen – mangelnde Beratung mit den Großen, schroffe Abweisung einzelner Vasallen, Wortbruch bei Vereinbarungen – brachten die Kritiker eine erstaunliche Fülle an sexuellen und moralischen Verfehlungen des Königs zur Sprache. Schon früh habe er sich mehrere Konkubinen gleichzeitig gehalten, seine Ehefrau Bertha von Turin schäbig behandelt, mit Nonnen Unzucht getrieben und homosexuelle Neigungen gepflegt. Auch habe er mehrmals versucht, mit gedungenen Mördern politische Gegner aus dem Weg zu räumen. Da die Vorwürfe fast ausschließlich aus der Feder gegnerischer Parteigänger stammen, ist ihr Wahrheitsgehalt nur schwer zu überprüfen. Bemerkenswert bleibt jedoch die Tatsache, dass die Sachsen diese Anschuldigungen auch in offiziellen Verhandlungsrunden immer wieder vorbrachten und dabei selbst Königstreue von der Richtigkeit ihrer Argumente überzeugen konnten.

Im Vorfeld des Friedens von Gerstungen brachten die sächsischen Rebellen so viele ungeheuerliche Verbrechen des Königs zur Sprache, dass den königlichen Unterhändlern »die Ohren klangen« und diese schließlich gegen ihren Oberherrn Position bezogen. Angeblich dachten die Fürsten schon damals an eine Absetzung. Zum Schwerwiegendsten, was man dem Monarchen zum Vorwurf machte, gehörte die in mehreren Quellen überlieferte Vergewaltigung der Äbtissin von Quedlinburg. Heinrich habe die Äbtissin, seine eigene Schwester, eigenhändig niedergedrückt, bis ein anderer sie auf seinen Befehl hin entehrt hätte. »Es nützte ihr nichts, dass sie die Tochter eines Kaisers, dass sie seine von beiden Eltern her ausgezeichnete Schwester, dass sie durch den heiligen Schleier Christus anverlobt war«, schrieb der Chronist des Sachsenkrieges, Bruno. Da hier eine Angehörige des Kaiserhauses selbst als Opfer Heinrichs ins Feld geführt wurde, dürfte der Vorwurf nicht auf bloßen Gerüchten beruht haben.

Heinrichs gewalttätiges Auftreten beschwor auch innerhalb seiner eigenen Familie immer wieder Konflikte herauf. Das Zusammenleben mit seiner ersten Gattin Bertha von Turin gestaltete sich so unerträglich, dass er kaum drei Jahre nach der Verheiratung ganz offiziell die Scheidung anstrebte. Um von der ungeliebten Gattin, die ihm schon im Kindesalter zugesprochen worden

Das Deutsche Reich unter Heinrich IV.
Nordsee
Utrecht
Rhein
Ems
Paderbor
Kaiserswerth
London
HZM. NIEDER-LOTHRINGEN
Köln
Aachen
Lüttich
Mosel
Frank
Ma
Ingelheim
Trier
Oppenheim
Reims
HZM. OBERLOTHRINGEN
Paris
Seine
Straßburg
Loire
Basel
Besançon
KGR. FRANKREICH
KGR. BURGUND (ARELAT)
Atlantischer Ozean
Clermont
Lyon
Rhône
Arles
Narbonne
Marseille
Mittelmeer
Das Reich der Salier
seit 1033 zum Reich

R. DÄNEMARK
Ostsee
Danzig
leswig
Lübeck
Hamburg
ZM.
CHSEN
Elbe
Posen
Weichsel
Oder
POLEN
1033 deutsches Lehen
Magdeburg
Mark Lausitz
Goslar
Elbe
Breslau
rtheim
Merseburg
Mark Meißen
Mark
Zeitz
Krakau
NKEN
Prag
Forchheim
KGR. BÖHMEN
1041 deutsches Lehen
Mark
Nordgau
Regensburg
Wien
lm
Augsburg
Inn
Ostmark
Donau
Salzburg
1031
Ofen
Pest
WABEN
HZM.
BAYERN
Steiermark
nstanz
UNGARN
1044–1046 deutsches Lehen
Gft. Tirol
HZM. KÄRNTEN
Drau
Mgft. Aquileja
Verona
Agram
Triest
Save
Venedig
ailand
Mantua
ardei
REP.
VENEDIG
Po
Canossa
KROATIEN
Ravenna
ua
Bologna
Romagna
Arno
Pisa
Mgft. Tuscien
Siena
Adria
KGR. ITALIEN
Rom
0 50 100 150 km

war, loszukommen, stellte er ihr sogar eine Falle, um sie zum Ehebruch anzustiften. Die Kirche sah jedoch keine Veranlassung, eine Ehe zu trennen, die nach Angaben der beiden Partner noch nicht einmal vollzogen war, und niemand anderer als der hoch angesehene Petrus Damiani selbst redete auf einer Synode in Frankfurt dem jungen Herrscher ins Gewissen, sodass er sich schließlich zähneknirschend ins Unvermeidliche fügte. Die entfremdete Beziehung endete erst mit Berthas Tod 1087. Schwerste Vorwürfe erhob auch Heinrichs zweite Gattin Praxedis, eine Tochter des Großfürsten von Kiew und Witwe des Markgrafen Udo von Stade, gegen ihn. Auf einer Synode 1095 gestand sie öffentlich und vor zahlreicher Zuhörerschaft, dass sie auf Befehl Heinrichs von dessen Gefolgsleuten mehrfach vergewaltigt worden sei. Grund genug für Papst Urban II., den Sünder erneut zu bannen und die gebrochene Frau von jeder Schuld freizusprechen. Das brutale Verbrechen stand vermutlich in Zusammenhang mit einem von den Sachsen ausgehenden Friedensbruch 1088, an dem auch ein Stader Markgraf beteiligt war. Nach Meinung des Mediävisten Gerd Althoff könnte Praxedis am Hof nicht nur die Rolle der Ehefrau, sondern auch die einer Geisel eingenommen haben, die nach erfolgtem Vertragsbruch für die Frevel ihrer Verwandtschaft zu büßen hatte. Dass Heinrich mit Aufständischen nicht zimperlich umging, hatte er zuvor ja schon mehrfach bewiesen.

Nicht zuletzt wirft die Beziehung Heinrichs zu seinen Söhnen ein schlechtes Licht auf ihn. Beide Söhne, Konrad wie Heinrich (V.), erhoben sich gegen ihren Vater, sobald sie mündig waren. Dafür dürften nicht nur politische Gründe ausschlaggebend gewesen sein, sondern auch die Unfähigkeit des alten Regenten, seiner nächsten Umgebung mit aufrechten Gefühlen zu begegnen und ein Minimum an Konsens herzustellen.

Am Vorabend des Konflikts

Der skrupellose König und der prinzipienstrenge Papst – das war eine hochbrisante Kombination. Den Zündstoff bildete die offene Frage der Mailänder Bischofsbesetzung. Doch noch bemühten sich beide Seiten um ein einvernehmliches Verhältnis. Bevor sich das schwere Gewitter über Sachsen zusammenbraute, schrieb Heinrich im Sommer 1073 dem erst seit wenigen Monaten amtierenden Papst Gregor VII. einen Brief, der schmeichelhafter nicht hätte ausfallen können: Der junge König räumte ganz offenherzig seine Fehler ein, gestand simonistische Praktiken bei der Investitur ein und gelobte in allen Punkten Besserung. »Ach wir Schuldbeladenen und Unglückseligen! Durch die Verlockung der Jugend verführt und durch die Ungebundenheit infolge unserer Gewalt und herrscherlichen Macht verführt und getäuscht auch von solchen, deren Ratschlägen wir allzu anfällig gefolgt sind, haben wir gegen den Himmel und vor euch gesündigt und sind hinfort nicht mehr wert, euer Sohn zu heißen«, schrieb Heinrich in salbungsvollen Worten und betonte, dass er an einem friedlichen Zusammenwirken von geistlicher und weltlicher Gewalt interessiert sei und in der Mailänder Angelegenheit einlenken wolle. Gregor war entzückt. »König Heinrich hat uns Worte voller Süße und Gehorsam übermittelt, wie sie nach unserer Erinnerung weder er selbst noch seine Vorgänger den römischen Bischöfen übermittelt haben«, freute er sich und hoffte, den Mailänder Konflikt nach seinen Vorstellungen lösen zu können. In seiner Korrespondenz ermahnte er den jungen König väterlich, er solle sich von seinen schlechten Ratgebern trennen und seine Bischöfe zu den Fastensynoden nach Rom gehen lassen. Als sich Gregor 1074 mit dem Gedanken trug, ins Heilige Land zu ziehen, bot er Heinrich sogar die »oberste Treuhänderschaft« über die römische Kirche an.

Da sich in der Mailänder Frage jedoch nichts Entscheidendes tat, wiederholte Gregor auf der Fastensynode 1075 die Bannung der fünf königlichen Räte, die bereits Alexander II. ausgesprochen hatte, und sprach den Laien ganz allgemein das Investiturrecht ab. Ansonsten lobte er weiterhin die »guten und tüchtigen Werke« seines »liebsten Sohnes« und sein »Bemühen um Besserung«. Doch Heinrich rechtfertigte nicht das Vertrauen, das der Papst in ihn setzte. Kaum hatte er die Sachsen unterworfen, schwenkte er auf eine radikalere Linie um, ließ den zum Mailänder Bischof bestimmten Gottfried zwar fallen, ernannte aber ohne Rücksprache mit Rom den Kleriker Tedald, ein früheres Mitglied der Hofkapelle, zum neuen Erzbischof von Mailand, obwohl Gregor an dem von ihm bestimmten Atto als Erzbischof festhielt. Schließlich setzte Heinrich auch für die Bistümer Fermo und Spoleto im Hoheitsgebiet des Papstes neue Oberhirten ein, die dem römischen Stuhl zudem völlig unbekannt waren. Diese Provokation kam für Gregor völlig überraschend und löste höchste Erbitterung bei ihm aus. »Verflucht sei der Mensch, der seine Hoffnung auf einen Menschen setzt!«, schrieb er erbost an Tedald. »Behalte außerdem im Sinn, dass die Macht der Könige und Kaiser vor den Rechten des Papstes und der Allmacht des höchsten Gottes wie Asche gelten und Spreu.« Der Papst nahm die Herausforderung an und war bereit, nun auch den König endgültig in seine Schranken zu weisen.

+++ Die Eskalation oder: Was geschah in Canossa? +++

Die Frage der Besetzung des Mailänder Bischofsstuhls führte zur nachhaltigen Entfremdung zwischen Papst Gregor VII. und König Heinrich IV. Harsche Briefe flogen vom Tiber an den Rhein und wieder zurück mit dem Ergebnis, dass sich die beiden Häupter der Christenheit gegenseitig absetzten und bannten. Mit seinem überraschenden Zug nach Canossa hoffte Heinrich, die Lösung vom Bann ohne vorherige Konsultation der Fürsten zu erreichen. Doch diese waren nicht bereit, das Ergebnis von Canossa kommentarlos mitzutragen, und wählten kurzerhand einen Gegenkönig.

Das Ende der Diplomatie

Wutentbrannt diktierte Gregor VII. am 8. Dezember 1075 einen geharnischten Brief an König Heinrich IV. »Bischof Gregor, Knecht der Knechte Gottes, sendet König Heinrich Gruß und apostolischen Segen, wenn er denn dem apostolischen Stuhl gehorcht, wie es einem christlichen König geziemt«, machte er seiner Verärgerung schon in der Anrede Luft. Dann folgt eine Generalabrechnung mit der Politik des Königs: Heinrich habe trotz der Exkommunikation seiner Berater immer noch vertraulichen Umgang mit diesen, er habe entgegen allen seinen anderslautenden Zusicherungen Bischöfe in Mailand, Fermo und Spoleto eingesetzt und beachte nicht die Beschlüsse der Fastensynode von 1075. Der König solle sich nun endlich dem Imperium Christi unterwerfen und Gehorsam zeigen. Nicht ihm, dem Papst, enthalte Heinrich die geziemende Ehrerbietung vor, sondern Gott selbst. Und er solle doch einmal bedenken, wie gefährlich es sei, die eigene Ehre vor die Ehre Gottes zu stellen. Auch König Saul sei vom Allerhöchsten wegen seines Hochmuts zu Boden geworfen worden, während König David in seiner Bescheidenheit viel göttliche Gnade erhalten habe.

Aus jeder Zeile spricht die Erbitterung des Papstes über die Täuschungsmanöver des Königs, der zwei Jahre zuvor noch in zuckersüßen Worten Entgegenkommen in der Mailänder Bistumsfrage signalisiert hatte, dann aber in eine völlig andere Richtung abgeglitten war. »Wie sehr du dir unsere Mahnungen und die Beachtung des Rechts zu eigen machtest, zeigt sich in dem, was du danach getan und verfügt hast«, klagte Gregor. Trotz der Vorhaltungen ließ der Papst den Gesprächsfaden mit dem königlichen Hof aber nicht gänzlich reißen. Er forderte zwar ultimativ den Gehorsam Heinrichs, stellte seinen Rang als König aber zumindest offiziell nicht in Frage. Den Boten, die den Brief überbringen sollten, gab er nur die mündliche Anweisung mit auf den Weg, den König zur Rechtfertigung vor eine römische Synode zu zitieren und ihm für den Fall des Nichterscheinens mit der Absetzung zu drohen. Doch war diese Drohgebärde nur für die Ohren Heinrichs bestimmt, nicht für den gesamten Hofstaat, sodass bei gewahrter Vertraulichkeit Verhandlungen auch in Zukunft möglich blieben. In aller Ruhe konnte Gregor nun abwarten, was passieren würde.

Heinrich war nicht gewillt, die »goldene Brücke« zu beschreiten, die ihm der Papst gebaut hatte. Er stand noch ganz unter dem Eindruck seines Sieges über die Sachsen und war eben im Begriff, die Nachfolge im Reich zu Gunsten seines Sohnes zu regeln, als die päpstlichen Boten die Pfalz in Goslar erreichten und am Neujahrstag 1076 den Brandbrief Gregors überbrachten. Der König reagierte in gewohnter Manier: Aufbrausend und maßlos in seinem Zorn machte er alles, was die Legaten ihm heimlich ins Ohr sagten, öffentlich und hoffte, durch seine laut vorgetragenen Beschwerden die allgemeine Erregung zu seinen Gunsten nutzen zu können. Er entließ die Gesandten unter schwersten Beschimpfungen und berief alle Bischöfe und Äbte seines Reiches zu einer für den 24. Januar 1076 anberaumten Reichssynode nach Worms, um dem Papst eine angemessene Antwort auf sein Schreiben zu geben. Damit verließ der König endgültig den Pfad des vertraulichen Gesprächs und setzte offen auf Konfrontation. Auf der Wormser Versammlung gelang es ihm denn auch tatsächlich, den Reichsepiskopat auf seine Seite zu ziehen und auf seinen antipäpstlichen Kurs einzuschwören. Die gut besuchte Synode, zu der 24 Bischöfe und zwei Erzbischöfe kamen, kündigte in einem Schreiben dem Papst wegen »unheiliger Neuerungen« den Gehorsam auf. Gemeint waren damit die Beschneidung der Amtsgewalt der Bischöfe sowie die anmaßenden Forderungen des Papstes nach Gehorsam und Vorrangstellung innerhalb der Kirche. Außerdem zeigten sich die Bischöfe über die Umstände entsetzt, unter denen Gregor VII. zum Papst gewählt worden war und die keinesfalls mit dem Papstwahldekret von 1059 in Einklang zu bringen waren. Der römische Kardinal Hugo Candidus, einst ein Reformbefürworter, seit kurzem jedoch ein scharfer Kritiker Gregors, hatte die illustre Versammlung über den chaotischen Wahlvorgang von 1073 informiert und auch gleich noch einige Anekdoten aus dem angeblich lasterhaften Privatleben des Kirchenoberhauptes hinzugefügt, wodurch die Empörung der Bischöfe in blankes Entsetzen umschlug. Diesem Papst, dessen Maßregelungen sie alle schon oft zu spüren bekommen hatten, wollten sie nicht mehr folgen. »Bruder Hildebrand«, so die Anrede im Brief, der alle Glieder der Kirche mit hochmütiger Grausamkeit angreife und die Flamme der Zwietracht über alle Kirchen ausbreite, gelte künftig keinem von ihnen mehr als Papst, er habe sich sein Amt erschlichen und den Makel seiner Wahl durch schlechte Amtsführung nie wettgemacht. Trotz der allgemeinen Erregung weigerten sich einige bedächtigere Bischöfe, das Schreiben zu unterzeichnen, widersprach doch die Aburteilung eines abwesenden Papstes ohne Einberufung eines allgemeinen Konzils, ohne Zeugenanhörung und ohne Rechtfertigungsmöglichkeit des Beschuldigten dem Kirchenrecht in allen Punkten. Nach dem Zeugnis der Quellen musste der König Druck anwenden, um alle Anwesenden zum Unterschreiben zu bringen. »Die meisten von ihnen schrieben vielmehr diesen Absagebrief aus Furcht vor dem Tod, und dass sie es nur wider Willen getan hatten, bewiesen sie dadurch, dass sie bei der ersten Gelegenheit Briefe mit demütigem Bekenntnis an den Papst schickten und ihre Schuld anerkannten«, wusste der sächsische Chronist Bruno zu berichten.

Der Absagebrief der Bischöfe lieferte Heinrich den Vorwand, rückhaltlos die Position seines Episkopats zu »verteidigen«. Dies tat er in drei programmatischen Schreiben, die sich an unterschiedliche Adressaten wendeten: Einmal an den Papst selbst, sodann an die Römer und schließlich an die eigenen Landsleute. In seinem Brief an den Papst betonte Heinrich, er sei nach eingehender Prüfung dem Spruch seiner Reichsfürsten gefolgt, weil »er gerecht und billigenswert« sei. Der Papst habe die Bischöfe anmaßend behandelt und dadurch die göttliche Ordnung gestört. Da die Synode die Rechtmäßigkeit von Gregors Pontifikat in Frage stelle, spreche auch er ihm jedes Recht auf den päpstlichen Stuhl ab und fordere ihn kraft seiner Würde als Schutzherr Roms auf, den Thron dieser Stadt zu räumen. Einen zweiten Brief ließ Heinrich den Römern zukommen, die er aufrief, »Feind seiner Feinde« zu sein und sich gegen Gregor zu erheben. Falls dieser nicht freiwillig abdanke, sollten sie ihn dazu zwingen und in Absprache mit dem König einen neuen Papst küren. »Erhebt euch also gegen ihn, Getreueste, und der Erste in der Treue sei der Erste, der ihn verdammt. Wir aber sagen nicht, dass ihr sein Blut vergießen sollt, da ja das Leben nach der Absetzung eine größere Strafe ist als der Tod«, rief er den Römern zu. Um auch im Reich Rückhalt für seine Politik zu erlangen, schrieb Heinrich einen scharfen, zur Veröffentlichung im eigenen Land bestimmten dritten Brief, in dem er seine Argumentation nochmals in zugespitzter, polemischer Form darlegte. »Heinrich nicht durch Anmaßung, sondern durch Gottes gerechte Anordnung König, an Hildebrand, nicht mehr den Papst, sondern den falschen Mönch«, lautete der erste Satz des Schreibens, und in diesem scharfen Ton folgten detailliert die Anschuldigungen, die Gregors Absetzung rechtfertigen sollten: »Du scheutest dich nicht nur nicht, die Lenker der heiligen Kirche, nämlich Erzbischöfe, Bischöfe und Priester, die doch Gesalbte des Herrn sind, anzutasten, nein, wie Knechte, die nicht wissen, was ihr Herr tut, zertratest du sie unter deinen Füßen und gewannst dir dabei die Zustimmung aus dem Mund des Pöbels. (…) Und wir haben dies alles ertragen, während wir uns bemühten, die Stellung des apostolischen Stuhles zu wahren. Aber du hast unsere Demut für Furcht gehalten.« Betont wurde auch nochmals die Unrechtmäßigkeit von Gregors Wahl: »Durch List, was das Mönchsgelübde verabscheut, bist du zu Geld gekommen, durch Geld zu Gunst, durch Gunst zum Schwert, durch das Schwert zum Sitz des Friedens, und vom Sitz des Friedens aus hast du den Frieden gestört.« Der Brief endete mit den wuchtigen Worten: »Ich, Heinrich, durch die Gnade Gottes König, sage dir zusammen mit allen meinen Bischöfen: Steige herab, steige herab!« Der Forderung der deutschen Bischöfe und ihres Monarchen schlossen sich die oberitalienischen Bischöfe, die sich zur Weihe Tedalds als Erzbischof von Mailand zu einer Synode in Piacenza versammelt hatten, an, sodass Gregor einen Gutteil seiner Anhängerschaft auch in Italien auf einen Schlag verlor.

Die Bannung des Königs

Die Hiobsbotschaften erreichten Rom pünktlich zur Eröffnung der Fastensynode am 14. Februar 1076. Als die Gesandten des Königs in der Laterankirche die Schriftstücke verlasen, kam es zu Tumulten und Handgreiflichkeiten, so stark war die Empörung unter den Versammelten. Gregor jedoch reagierte mit Bedacht, wenn auch mit äußerster Konsequenz: Diejenigen deutschen Bischöfe, welche die Gehorsamsaufkündigung freiwillig unterzeichnet hatten, exkommunizierte er sofort, während er die Zögerlichen unter ihnen nur suspendierte und ihnen die Möglichkeit zur Rechtfertigung in Rom bis zum 1. August beließ. Die oberitalienischen Bischöfe traf der Bannstrahl des Papstes unverzüglich und ohne Abstriche – sie wurden allesamt exkommuniziert. Als Letzten und zweifelsohne Bedeutendsten aus der Riege der Sünder knöpfte sich Gregor König Heinrich selbst vor. Am letzten Tag der Synode verkündete er in Form eines feierlichen Gebetes an den Apostel Petrus, welches Urteil er für den ungehorsamen Monarchen vorgesehen hatte: »Heiliger Petrus, Fürst der Apostel, neige, wir bitten dich, gnädig dein Ohr und erhöre mich, deinen Knecht. (…) Zur Ehre und zum Schutz deiner Kirche, im Namen des allmächtigen Gottes, des Vaters, des Sohnes und des Heiligen Geistes, kraft deiner Gewalt und Vollmacht spreche ich König Heinrich, des Kaisers Heinrich Sohn, der sich gegen deine Kirche mit unerhörtem Hochmut erhoben hat, die Herrschaft über Deutschland und Italien ab, und ich löse alle Christen vom Eid, den sie ihm geleistet haben oder noch leisten werden, und untersage, ihm fürderhin als König zu dienen. Denn es gebührt sich, dass derjenige, der die Ehre deiner Kirche zu verringern trachtet, selber die Ehre verliert, die er zu besitzen scheint. Und weil er es verschmäht hat, wie ein Christ zu gehorchen, (…) darum binde ich als dein Stellvertreter ihn mit der Fessel des Fluchs.« Im Klartext bedeutete das die Absetzung und Exkommunikation des Königs, dessen Anhängerschaft durch die Entbindung vom Treueid auch noch zum offenen und straflosen Abfall von ihm aufgerufen wurde. Mit diesem umfassenden Bannfluch betrat Gregor juristisch und politisch absolutes Neuland, denn noch nie zuvor war es vorgekommen, dass ein Papst kraft seiner geistlichen Binde- und Lösegewalt einen regierenden König einfach absetzte. Als der Bannstrahl vom Tiber den Rhein erreichte, erregte er dort denn auch höchstes Aufsehen. »Als die Nachricht von der Bannung des Königs an die

Ohren des Volkes drang, erzitterte unser ganzer römischer Erdkreis«, berichtete der Geschichtsschreiber Bonizo von Sutri.

Verunsicherung machte sich unter den Menschen breit, welcher Instanz sie noch glauben konnten, dem Königtum oder dem Papsttum? Welcher Würde kam der Vorrang innerhalb der göttlichen Ordnung zu, der weltlichen oder der geistlichen? Das einfache Volk war rasch bei der Hand, in »himmlischen Zeichen« die Antwort auf die grundlegenden Fragen der Zeit zu suchen. Als Bischof Wilhelm von Utrecht, einer der schärfsten Kritiker Gregors, den päpstlichen Bannfluch »mit spöttischen Worten« bedachte und kurz darauf erkrankte und starb, hielten dies viele für einen Fingerzeig Gottes. Und als wenig später auch noch der Blitz in die Kathedrale von Utrecht einschlug und diese abbrennen ließ, gab es eigentlich schon nichts mehr zu deuteln. Der Himmel hatte gezeigt, dass er auf Seiten des Herrn Papstes stand. Der Tod einiger königstreuer Gefolgsleute tat ein Übriges, die allgemeine Stimmung gegen den König umschlagen zu lassen. Bischof Eppo von Zeitz zum Beispiel fiel im Bistum Würzburg vom Pferd und ertrank in einem seichten Rinnsal, sodass der Volksmund vermutete, der heilige Kilian habe dies bewirkt, damit der Bischof endlich einmal wieder Wasser statt Wein trinke.

Ob sich auch die gebildeten Schichten vom »göttlichen Walten« beeindrucken ließen, wissen wir nicht, doch verfehlte die päpstliche Verfluchung ihre Wirkung nicht: Zahlreiche Bischöfe, darunter die einflussreichen Erzbischöfe Gebhard von Salzburg und Siegfried von Mainz sowie die angesehenen Oberhirten von Passau, Würzburg und Hildesheim, fielen vom König ab und verfochten nun die Sache des Papstes. Andere warteten ab, wohin das Pendel des Schicksals ausschlagen und welche Partei das »Rennen« machen würde. Allein schon diese abwartende Haltung schadete der königlichen Sache, denn Heinrich gelang es trotz dreimaligen Anlaufs nicht, den Papst auf einem der von ihm anberaumten Hoftage bannen zu lassen, weil ihm dafür die Unterstützung fehlte. Vor allem waren nun die weltlichen Fürsten nicht mehr bereit, den schon seit langem unbeliebten König zu unterstützen. Alte Ressentiments kochten wieder hoch, die leidige Frage nach Heinrichs charakterlicher Eignung zum Königtum trat erneut in den Vordergrund. Unter den drei süddeutschen Herzögen Rudolf von Schwaben, Welf von Bayern und Berthold von Kärnten, die sich mit päpstlich gesinnten Bischöfen vereinten, formierte sich die Opposition. Auch Otto von Northeim und die rebellischen Sachsen fühlten sich an ihre Treueide nicht mehr länger gebunden.

Heinrichs Kritiker trafen sich am 16. Oktober in Trebur zu einer großen Reichsversammlung, zu der auch die päpstlichen Legaten geladen waren, um über die Geschicke des Reiches und damit auch über das Schicksal des Königs zu entscheiden. Tatenlos musste Heinrich am anderen Rheinufer in Oppenheim abwarten, was die Fürsten über ihn beschließen würden. Tatsächlich nahmen sich die hohen Herren viel Zeit, um die Angelegenheiten des Reiches zu ordnen. Nach Aussagen des Geschichtsschreibers Lampert von Hersfeld nahmen die Untersuchungen sieben bis zehn Tage in Anspruch. Zunächst einmal mussten die Wunden des Sachsenkrieges geschlossen werden, da – wie ein Chronist sinnig bemerkte – »auf beiden Seiten die Schwerter noch nass von der letzten Schlacht« waren. Aussöhnungsrituale begruben die Gegensätze von einst, erst danach konnten die Beratungen zur Situation im Reich beginnen. Dabei hatte sich die Versammlung eine ehrgeizige Agenda verordnet, stand doch nicht weniger als die gesamte Lebens- und Amtsführung Heinrichs IV. zur Disposition. Zur Sprache kamen nicht nur die Laster und Schandtaten, die man dem König bereits seit längerem unterstellte, sondern auch seine mangelnde Bereitschaft, guten Rat anzunehmen, sein Unvermögen, Frieden im Reich zu stiften, seine Missachtung hochrangiger Fürsten, die er aus seinem engeren Umfeld ausschloss, und natürlich sein Zerwürfnis mit der Kirche. Obwohl manche Teilnehmer den König am liebsten sofort abgesetzt hätten, gab die Versammlung – offenbar auf Anraten der päpstlichen Legaten – dem Gescholtenen noch eine letzte Chance: Heinrich, so der Beschluss der Teilnehmer, solle dem Papst die geschuldete Genugtuung leisten, ihm Gehorsam und Buße in allen Punkten erweisen. Gelinge es ihm binnen Jahresfrist nicht, sich vom Bann zu lösen, würde er sein Königsamt umgehend verlieren. Gleichzeitig luden die Fürsten Papst Gregor zu einem Schiedsgericht nach Augsburg ein, auf

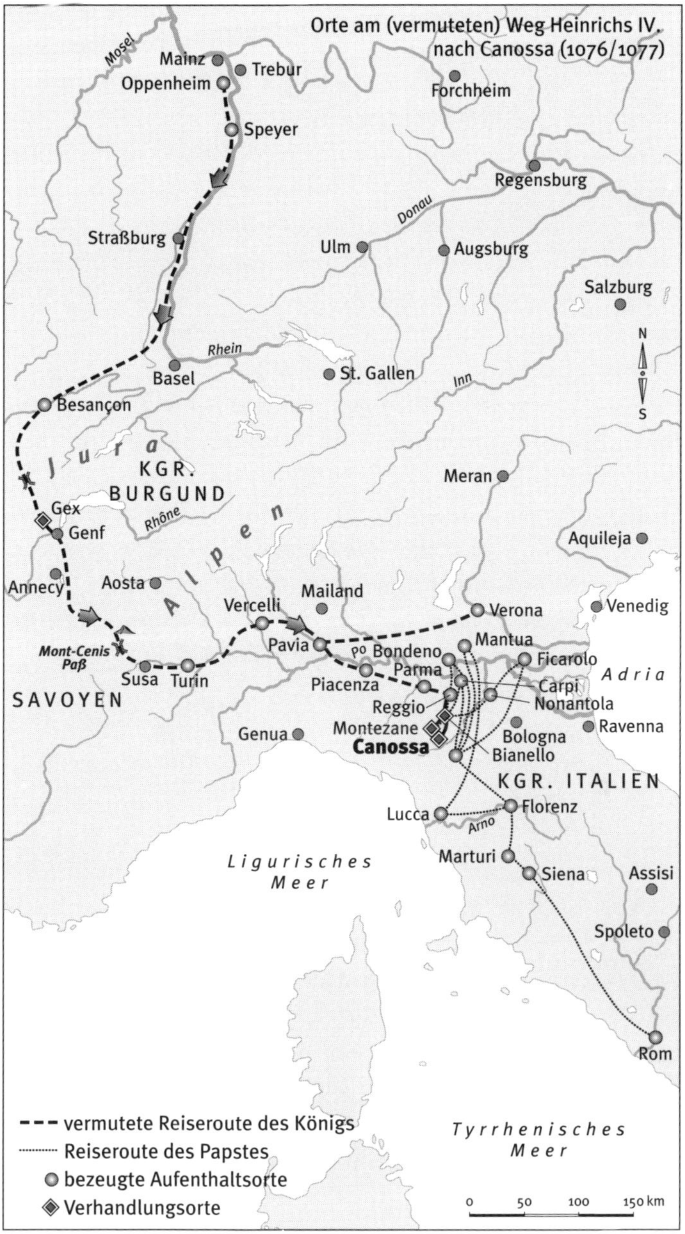
Orte am (vermuteten) Weg Heinrichs IV. nach Canossa (1076/1077)
Mosel
Mainz
Trebur
Oppenheim
Speyer
Forchheim
Regensburg
Donau
Straßburg
Ulm
Augsburg
Salzburg
Rhein
Basel
St. Gallen
Inn
N
S
Besançon
Jura
KGR. BURGUND
Meran
Gex
Rhône
Genf
Alpen
Aquileja
Annecy
Aosta
Mailand
Vercelli
Verona
Venedig
Mont-Cenis Paß
Pavia
Po
Bondeno
Mantua
Ficarolo
Parma
Adria
Susa
Turin
Piacenza
Carpi
SAVOYEN
Reggio
Nonantola
Montezane
Ravenna
Genua
Canossa
Bologna
Bianello
KGR. ITALIEN
Lucca
Florenz
Arno
Marturi
Siena
Assisi
Ligurisches Meer
Spoleto
Rom
vermutete Reiseroute des Königs
Reiseroute des Papstes
bezeugte Aufenthaltsorte
Verhandlungsorte
Tyrrhenisches Meer
0
50
100
150 km

welchem dieser entscheiden sollte, ob der Salier angesichts seiner schweren Verfehlungen König bleiben könne. Bis zu einem endgültigen Urteil – das Schiedsgericht war für den 2. Februar 1077 anberaumt – sollte Heinrich »als Privatmann leben, keine Kirche betreten, keine Entscheidung aus eigener Machtvollkommenheit treffen und auf allen königlichen Prunk, auf alle üblichen Abzeichen der königlichen Würde verzichten«. Das war im Prinzip eine schwere Schlappe für den Salierspross, dessen Königtum auf Messers Schneide stand, aber gleichzeitig eine allerletzte Möglichkeit, sich von den Anwürfen zu reinigen und ins Königtum seiner Vorfahren zurückzukehren. Es kam nun darauf an, wie der junge König die Galgenfrist, die man ihm gewährte, zu nutzen verstand. Und der jugendliche Heißsporn zeigte einmal mehr, wie geschickt er zu taktieren wusste. Mitten im Winter machte er sich auf den Weg über die Alpen, um persönlich mit Gregor zu verhandeln und unter Umgehung der Absprache mit den Fürsten eine Aufhebung der Exkommunikation zu erreichen. Es war ein gewagtes Unternehmen mit unsicherem Ausgang, doch Heinrich setzte alles auf eine Karte, um Krone, Macht und Reich zu behalten.

Der Bußakt

In Speyer scharte der König seine engsten Berater und Vertrauten um sich. Nach der Entlassung seiner gebannten Ratgeber, zu denen hochrangige Bischöfe und Fürsten zählten, war der Kreis zwar beträchtlich zusammengeschmolzen, hatte jedoch mit Heinrichs Taufpaten Hugo von Cluny immerhin noch ein politisches Schwergewicht. Nach Abwägung aller Vor- und Nachteile entschloss sich der König, mit dem Papst möglichst schnell wieder ins Gespräch zu kommen, um vor allem dem drohenden Schiedsgericht in Augsburg zuvorzukommen, das seinen Kritikern ein geeignetes Forum zu seinem Sturz bieten würde. In aller Eile, nur begleitet von seiner Familie und wenigen Getreuen, brach er wenige Tag vor Weihnachten von Speyer aus auf, um Gregor VII. noch in Italien abzufangen. Den Jahreswechsel verbrachte Heinrich gemeinsam mit seiner Gemahlin Bertha und dem im Frühjahr 1074 geborenen Sohn Konrad in Gex nahe Genf bei der Familie seiner Frau. Es folgten harte Verhandlungen, bis die markgräfliche Familie bereit war, den Schwiegersohn samt Gefolge durch ihr Hoheitsgebiet reisen zu lassen. Die übrigen Alpenpässe hatten nämlich die rebellischen süddeutschen Fürsten gesperrt, sodass sich die lieben Verwandten den Transit getrost mit »Handsalben« versilbern lassen konnten. Heinrich musste schon froh sein, dass ihm die Sippschaft seiner ungeliebten Gattin gestattete, über den unbequemen, zweitausend Meter hohen Mont Cenis zu ziehen. Mit welchen Schwierigkeiten das verbunden war, erzählte der Hersfelder Mönch Lampert in seinen »Annalen« mit größter Genauigkeit, wobei er sich als ein so scharfer Kritiker der königlichen Politik erwies, dass man seinem Bericht ruhig eine gewisse propagandistische Aufbauschung unterstellen darf. Mit Abstrichen wird man seiner Darstellung jedoch folgen müssen, da kein Quellenwerk mit vergleichbarer Detailtreue für diesen Zeitabschnitt vorliegt.

Lampert zufolge war der Winter 1076/77 besonders streng, der Rhein von November bis Anfang April fest zugefroren und die ganze Zeit für Fußgänger passierbar. Die Alpengipfel versanken in Eis und Schnee, und nur einheimische Führer konnten noch den Weg weisen. »Als sie unter deren Führung mit größter Schwierigkeit bis auf die Scheitelhöhe des Berges [gemeint ist der Mont Cenis, Anm. d. A.] vorgedrungen waren, da gab es keine Möglichkeit weiterzukommen, denn der schroffe Abhang des Berges war durch die eisige Kälte so glatt geworden, dass ein Abstieg hier völlig unmöglich schien. Da versuchten die Männer, alle Gefahren durch ihre Körperkraft zu überwinden: Sie krochen bald auf Händen und Füßen vorwärts, bald stützten sie sich auf die Schultern ihrer Führer, manchmal auch, wenn ihr Fuß auf dem glatten Boden ausglitt, fielen sie hin und rutschten ein ganzes Stück hinunter, schließlich langten sie doch unter großer Lebensgefahr endlich in der Ebene an. Die Königin und die anderen Frauen ihres Gefolges setzte man auf Rinderhäute, und die dem Zug vorausgehenden Führer zogen sie darauf hinab. Die Pferde ließen sie teils mit Hilfe gewisser Vorrichtungen hinunter, teils schleiften sie sie

Mathilde von Tuszien

Mathilde von Tuszien – wie der alte Name der Toskana lautete – zählt zu den einflussreichsten Frauen ihrer Zeit. Als einziges überlebendes Kind des Markgrafen Bonifaz von Tuszien und seiner Gattin Beatrix von Lothringen war die 1046 Geborene Erbin eines gewaltigen Besitzkomplexes in Ober- und Mittelitalien, der sich von den Voralpen um Brescia bis hinunter ins nördliche Latium erstreckte und seinen Mittelpunkt in Mantua hatte. Nach der Ermordung ihres Vaters 1052 heiratete ihre Mutter in zweiter Ehe ihren Cousin Gottfried den Bärtigen von Lothringen, der sich in einen Kampf gegen Kaiser Heinrich III. verstrickte, weshalb Beatrix und Mathilde eine Zeit lang im »Exil« nördlich der Alpen leben mussten. Erst nach dem Tod Heinrichs III. konnten die beiden Frauen nach Italien zurückkehren. Die junge und nach dem Zeugnis ihres Biografen Donizo von Canossa gut ausgebildete Mathilde, die mehrere Sprachen beherrschte, musste zu ihrem Leidwesen den Sohn ihres Stiefvaters, Gottfried den Buckligen, zum Ehemann nehmen. Mathilde beendete die unglückliche Beziehung bald und trennte sich von ihrem Mann, nachdem sie ein Kind geboren hatte, das nur wenige Tage überlebte. Wieder in Italien regierte sie die Besitzungen zunächst an der Seite ihrer Mutter, nach deren Tod 1076 allein.

Wie Beatrix war auch Mathilde eine begeisterte Anhängerin der Kirchenreform und pflegte ein freundschaftliches Verhältnis zu Papst Gregor VII. Im Streit zwischen Gregor und König Heinrich IV., mit dem sie verwandt war, versuchte sie zunächst zu vermitteln und erreichte die Absolution des Königs auf ihrer Burg Canossa. Als sich die Machtprobe zwischen Königtum und Papsttum jedoch weiter hinzog, trat sie entschieden auf die Seite des Reformpapsttums, das sie finanziell und militärisch unterstützte. Insbesondere nach der zweiten Bannung Heinrichs IV. 1080 kämpfte sie mit Leidenschaft gegen den Salier und seine oberitalienischen Anhänger. Um diese Zeit vermachte sie auch all ihre Eigengüter der Kirche, die sie als Lehen mit voller Verfügungsgewalt zurückerhielt.

Für ihre königsfeindliche Politik wurde sie von Heinrich IV. in Lucca geächtet, all ihrer Rechte beraubt und ihrer hohen Stellung enthoben. Doch Mathilde ließ sich dadurch nicht entmutigen – 1089 ehelichte sie auf Vorschlag Papst Urbans II. den erst siebzehnjährigen Welf V. aus dem gleichnamigen Hause und stiftete damit ein mächtiges Bündnis zwischen den süddeutschen und den oberitalienischen Gegnern des Saliers. In der Folgezeit gelang es ihr, Heinrich mit Hilfe ihrer starken Festungen auch militärisch in die Schranken zu weisen.

Die jahrelangen Kriegshandlungen, die Mathilde häufig an der Spitze ihrer Truppen begleitete, zehrten ihre Kräfte allmählich auf. Nach dem Scheitern ihrer zweiten Ehe wartete daher ein recht einsamer und von Gichtanfällen geplagter Lebensabend auf die kinderlose Markgräfin. Unermüdich reiste sie bis zuletzt durch ihr Land, um die Ordnung wiederherzustellen, Recht zu sprechen und abtrünnige Städte zu zähmen. Zuletzt suchte sie auch den Ausgleich mit den so lange und so erbittert bekämpften Saliern. Heinrich V. machte die Ächtung und Enteignung Mathildes rückgängig, während sie ihn dafür im Gegenzug zum Erben einsetzte – ungeachtet der vorher gemachten Zusagen an die Kirche. Der Besitz der »Mathildischen Güter« war noch bis ins 13. Jahrhundert zwischen kirchlicher und weltlicher Macht umstritten. Davon erfuhr die Markgräfin jedoch nichts mehr, denn sie starb 1115 in Bondanazzo di Reggiolo, einem kleinen Dorf in der Poebene, wohin sie sich in ihren letzten Lebensmonaten zurückgezogen hatte. Nachdem sie ihre letzte Ruhe zunächst in der Abtei San Benedetto di Polirone bei Mantua gefunden hatte, wurde ihr Leichnam im 17. Jahrhundert nach Rom überführt und im Petersdom bestattet. Bei diversen Graböffnungen fand sich ihr Körper nahezu unversehrt. Der Mund weit geöffnet, die Zähne leuchtend weiß, das Haar rötlich-blond schimmernd – so soll sich der Leichnam den staunenden Anwesenden präsentiert haben.

mit zusammengebundenen Beinen hinab. Von diesen aber krepierten viele beim Hinunterschleifen, viele wurden schwer verletzt, und nur ganz wenige konnten heil und unverletzt der Gefahr entrinnen«, berichtete der Benediktinermönch von seiner hessischen Schreibstube aus. Vor allem für Heinrichs erst knapp dreijährigen Sohn stellte die Alpenüberquerung mitten im Winter ein nicht zu unterschätzendes Risiko dar, denn Unfälle oder Erkrankungen hätten den zu diesem Zeitpunkt einzigen männlichen Spross des Salierhauses niederstrecken und damit die Nachfolge im Reich bedrohen können. Heinrich IV. scheint seine Ziele auch diesmal mit der ihm eigenen Unerbittlichkeit verfolgt zu haben.

Auf italienischem Boden angekommen, zog die kleine Truppe in die lombardische Tiefebene hinab, wo sie auf viele Anhänger stieß, hegten doch manche oberitalienischen Granden den Wunsch, der König möge den aufmüpfigen Papst mit Waffengewalt in seine Schranken weisen. Diese Befürchtung hegte indes auch Gregor VII. selbst, der gerade auf dem Weg nach Augsburg war und sich nach der Kunde von der überraschenden Ankunft des Königs in Italien rasch unter den Schutz der mächtigen Markgräfin Mathilde von Tuszien auf die feste Burg Canossa begab. Hier wartete er das weitere Vorrücken Heinrichs ab. Der König konnte sich zumindest sicher sein, dass sein Überraschungscoup vollkommen geglückt war, doch setzte er in diesem Moment nicht auf die Macht der Waffen, sondern auf die politisch so wichtige Loslösung vom Bann, die es allein ermöglichen konnte, seine Handlungsfähigkeit im Reich zurückzugewinnen, und die eben nicht mit Gewalt, sondern nur über eine gütliche Einigung mit dem Papst zu gewinnen war. Die mächtige Markgräfin von Tuszien bot sich als Vermittlerin geradezu an. Mathilde, Tochter des Markgrafen Bonifatius von Tuszien, verfügte über reiche Besitzungen in der Lombardei und in der Toskana, war also Herrin des Gebietes, in dem das Gipfeltreffen zwischen König und Papst schließlich stattfand, und damit in der Lage, den Streithähnen Schutz und Sicherheit zu bieten. Als treueste Parteigängerin des Papstes sowie als Verwandte und Lehnsträgerin Heinrichs IV. schien sie für die Vermittlerrolle prädestiniert zu sein. So bot sie nicht nur Gregor VII. in Canossa Unterschlupf, sondern wies auch

Heinrich eine ihrer Burgen im nahe gelegenen Bianello als Unterkunft zu.

Nur wenige Kilometer voneinander entfernt, tauschten Papst und König nun in der Nikolauskapelle der benachbarten Burg Montezane ihre Delegationen aus. Für den König gingen seine Schwiegermutter Adelheid von Turin, sein Taufpate Abt Hugo von Cluny und die Markgräfin Mathilde zusammen mit etlichen renommierten italienischen Adligen ins Rennen, bissen auf päpstlicher Seite aber zunächst auf Granit. Gregor verwies auf das Treffen in Augsburg und vertrat die Ansicht, der König möge sich, »wenn er sich frei von Schuld fühle, ohne Angst und Sorge vertrauensvoll« dorthin begeben und den Richterspruch abwarten. Die königlichen Parteigänger wiesen hingegen auf die Voreingenommenheit der Fürsten hin, die nur darauf warteten, den König abzusetzen, es sei deshalb nötig, so ihr Argument, Heinrich bereits vorab vom Bann zu befreien, damit er sich in Amt und Würden dem Schiedsgericht stellen könne.

Der Büßer im Schnee

Zu welchem Ergebnis die Unterhändler schließlich kamen, geht aus den Quellen nicht eindeutig hervor. Nach der Version von Lampert von Hersfeld gab der Papst auf Drängen der Vermittler schließlich nach und ließ ein Bußritual des Königs vor der Burg Canossa zu. Allzu hartherzig wäre er ansonsten dagestanden. »Und als sie heftig in ihn drangen, seinen Spruch zu mildern und das zerstoßene Rohr nicht durch die Strenge seines Urteils völlig zu zerbrechen, da ließ er sich mit Mühe und Not die Zustimmung dazu abringen, dass er vor ihm erscheine, und wenn er für seine Vergehen aufrichtig Buße tue, die Schuld, die er durch die dem apostolischen Stuhl angetane Schmach auf sich geladen habe, nunmehr durch Gehorsam gegen die Verordnungen des apostolischen Stuhls sühne.« Ein anderer Gewährsmann des Geschehens, der Mönch Berthold von Reichenau, verleiht dem Akt von Canossa dagegen einen spontaneren Zug. Heinrich sei angesichts der stockenden Verhandlungen ungeduldig geworden und »hastig und unerwartet« vor dem Burgtor erschienen, »überstürzt und

Die Tränen des Königs – zur Bedeutung von Ritualen

Rituale besaßen für die Kommunikation in der mittelalterlichen Gesellschaft hohen Stellenwert. So wurde zum Beispiel ein Konflikt gern mit dem Fußfall des Unterlegenen beigelegt, der sich dafür in der Regel der Verzeihung durch den Sieger sicher sein durfte. Friedens- und Freundschaftsverhältnisse fanden ihren Ausdruck in einem festlichen Mahl oder im Austausch von Friedensküssen und Geschenken, während Rangfolgen an der Sitzordnung an der Tafel abzulesen waren.

Auch die Könige bedienten sich symbolischer Handlungen, um einerseits ihre eigenen christlichen Tugenden gebührend herauszustellen, andererseits ihre Vasallen zu ehren oder in ihren Dienst einzubinden. Die salischen Könige zelebrierten ihre Gottesfurcht gern in öffentlichen Akten der Selbstdemütigung, bei denen sie barfuß und im Büßergewand erschienen, sich vor Gott und den Heiligen auf den Boden warfen und Tränen der Demut vergossen. Mit diesem Vorgehen betonten sie ihre eigene Sündhaftigkeit vor Gott, ahmten die Selbsterniedrigung Christi nach und verpflichteten sich gleichzeitig in ihrer Herrschaftsausübung auf die Tugenden der Milde und Barmherzigkeit. In der politischen Auseinandersetzung konnte ein Fußfall vor den großen Vasallen oder das Bußweinen vor dem Volk auch zum »geweinten Befehl« werden, dem sich niemand entziehen konnte.

Insofern reiht sich das Bußritual Heinrichs IV. vor Canossa – eine Mischung aus weltlicher Unterwerfungsgeste und öffentlicher Kirchenbuße – in die Tradition der königlichen Selbsterniedrigungen ein. Allerdings erhielt das Ritual hier eine neue Dimension, da der barfuß im Schnee stehende König sich in diesem Moment von der päpstlichen Urteilsgewalt abhängig machte. Es ist signifikant, dass die Könige nach Canossa die Barfüßigkeit als rituelle Ausdrucksform kaum mehr anwandten – zu sehr schien damit die Anerkennung der päpstlichen Binde- und Lösegewalt verbunden.

wehklagend, ohne vom Papst eine Antwort oder Einladung erhalten zu haben (...), und bat mit starkem Klopfen, dringend eingelassen zu werden. Dort verweilte er, in Wolle gekleidet und mit nackten Füßen, frierend bis zum dritten Tag im Freien vor der Burg« und habe damit die Absolution von Gregor erzwungen. Kein Priester der Zeit hätte es sich erlauben können, einen reuigen Sünder einfach abzuweisen – schon gar nicht der Papst als oberster Seelenhirte der Christenheit! Diese Überrumpelungstaktik bestätigte später auch Gregor selbst in einem Brief an die deutschen Fürsten, die er von seinem Vorpreschen hinsichtlich der Aufhebung des Banns unterrichten musste. Er habe sich lange gegen Heinrichs Ansinnen gesträubt, doch dann sei er plötzlich »ohne jedes königliche Gepränge, nämlich unbeschuht und in wollener Kleidung«, vor der Burg erschienen und habe alle Anwesenden »zu solcher Barmherzigkeit und solchem barmherzigen Mitleid bewogen, dass sich alle unter vielen Bitten und Tränen für ihn verwandten und sich fürwahr über die ungewohnte Härte unserer Gesinnung wunderten. Einige aber klagten, in uns sei nicht die Festigkeit apostolischer Strenge, sondern gewissermaßen die Grausamkeit tyrannischer Wildheit.« Um diesem Vorwurf zu entgehen, habe er schließlich den Bannfluch aufgehoben. Nicht zuletzt hebt auch Heinrichs Lebensbeschreibung, die kurz nach seinem Tod 1106 von einem anonymen Autor verfasst wurde, den taktischen Zug des Bußgangs hervor. »Als Heinrich erkannte, wie sehr er in Bedrängnis geraten war, fasste er in aller Heimlichkeit einen schlauen Plan. Plötzlich und unerwartet reiste er dem Papst entgegen und erreichte mit einem Schlag zwei Dinge. Er empfing die Lösung vom Bann und verhinderte durch sein persönliches Dazwischentreten die für ihn verdächtige Unterredung des Papstes mit seinen Gegnern.« Auch die Bernoldschronik betont die »Vortäuschung unvergleichlicher Erniedrigung« zum Zwecke der Absolution.

Wie hoch auch immer die Eigenmächtigkeit in Heinrichs Handeln veranschlagt werden muss, am 25. Januar 1077 erschien er im inneren Mauerring von Canossa. Der Tag war mit Bedacht gewählt, denn am 25. Januar feierte die Kirche die Bekehrung des Apostels Paulus, der sich vom Christenverfolger Saulus durch eine göttliche Fügung zum »Völkermissionar« gewandelt hatte. Wie Paulus durchlief Heinrich eine Metamorphose. Das Bußzeremoniell, wie es Lampert von Hersfeld in seinem Bericht schildert, zeigt alle Anzeichen eines streng ritualisierten und in den Grundzügen wohl zuvor ausgehandelten Unterwerfungsaktes. »Hier stand er nach Ablegung der königlichen Gewänder ohne alle Abzeichen der königlichen Würde, ohne die geringste Pracht zur Schau zu stellen, barfuß und nüchtern vom Morgen bis zum Abend, das Urteil des Papstes erwartend. So verhielt er sich am zweiten, so am dritten Tag. Endlich am vierten Tag wurde er zu ihm vorgelassen«, so Lampert, »und nach vielen Reden und Gegenreden wurde er schließlich unter folgenden Bedingungen vom Bann losgesprochen: Er solle an einem vom Papst zu bestimmenden Tag und Ort auf einer allgemeinen Versammlung, zu der die deutschen Fürsten berufen werden würden, erscheinen und auf die Anklagen, die man vorbringen werde, Bescheid geben. Der Papst solle, wenn er es für vorteilhaft halte, selbst als Richter die Entscheidung treffen, und Heinrich auf dessen Urteilsspruch hin entweder die Krone behalten, wenn er sich von den Vorwürfen reinige, oder sie ohne Unmut verlieren, wenn seine Vergehen erwiesen seien.« Diese Zusicherungen sowie die Garantie, dem Papst freies Geleit bei seiner Reise über die Alpen zu gewähren, musste Heinrich über seine Vermittler beeiden. Erst nach diesem Schwur, sich einem Schiedsgericht unter Vorsitz Gregors zu unterwerfen, war der Weg für die endgültige Loslösung vom Bann frei. Heinrich warf sich mit ausgestreckten Armen vor Gregor zu Boden, dieser sprach die Absolutionsformel und erteilte ihm den Segen. Danach gingen beide in die Burgkapelle, gaben sich den Friedenskuss und feierten gemeinsam die Messe. Darauf folgte das Versöhnungsmahl, das Mathilde ausrichtete. Am Abend des 28. Januars durfte sich Heinrich wieder als vollwertiges Mitglied der Kirche fühlen, wenn auch noch nichts Endgültiges über sein Königtum gesagt war.

Die Folgen

Wie Gipfeltreffen so häufig, ließ auch Canossa die entscheidenden Fragen offen. Der reuige Heinrich war zwar wieder in die Gemeinschaft der Christen aufgenommen worden, doch ob er damit auch als König wieder eingesetzt war, blieb umstritten. Während der Monarch bei seiner Eidesleistung selbstbewusst die Formel »Ich, König Heinrich« benutzte und damit zum Ausdruck brachte, dass er nun seine volle Handlungsfähigkeit zurückerhalten habe, sah Gregor dies grundsätzlich anders. »Ich habe ihm die Kommunion wiedergegeben, aber ihn nicht wieder in die Königsherrschaft eingesetzt, aus der ich ihn auf der Synode von Rom entfernt hatte«, versuchte er sich im Nachhinein zu rechtfertigen. Offen blieb auch die Frage, inwieweit die Treueide, die Gregor durch seinen Bannspruch außer Kraft gesetzt hatte, nun wieder Gültigkeit besaßen, ob also die Rebellion der Fürsten gegen Heinrich noch zu rechtfertigen war. Für den König hatte das Bußritual vor Canossa eigentlich nur dann Sinn, wenn er von vornherein vorgehabt hatte, das geplante Treffen zwischen Fürsten und Papst zu verhindern. Denn dann hätte er in der Tat einen politisch klugen Schachzug getan: Losgelöst vom Bann, als König wieder voll handlungsfähig und gegen seine innenpolitischen Gegner gestärkt, wäre er als Gewinner aus der Situation hervorgegangen. Der Papst dagegen, der ohne Absprache mit den Fürsten die Bannlösung vollzogen hatte, musste schon eher mit herber Kritik rechnen. Voreilig und ohne vorherige genaue Untersuchung der Beschuldigungen in Bezug auf Heinrichs Amts- und Lebensführung hatte er diesen freigesprochen und damit zumindest vorübergehend gestattet, sein Königtum wieder auszuüben. Gregor sah sich denn auch genötigt, sein Handeln in einem Rechtfertigungsschreiben an die Großen des Reichs zu erklären. Nur unter Druck und nach langem Zögern habe er nachgegeben, so schrieb er, das Schiedsgericht in Augsburg aber würde noch stattfinden. Es scheint aber, dass auch Gregor und seine Parteigänger mit der Möglichkeit rechneten, Heinrich könnte seine Zusagen bewusst brechen und sich einem päpstlichen Urteilsspruch entziehen. So berichtete bereits Lampert von einem gescheiterten Gottesurteil, das Gregor während der Versöhnungsmesse anbot. Zum Zeichen seiner eigenen Unschuld und seines lauteren Lebenswandels, den die Reichsbischöfe in ihrem Absagebrief an ihn noch in Zweifel gezogen hatten, habe der Papst die heilige Kommunion zu sich genommen, dabei Gott zum Zeugen und zum Richter über sein Leben angerufen. Nachdem Gregor den Genuss der Hostie ohne Gefahr für Leib und Leben überstanden hatte, forderte er auch Heinrich auf, allen »Gegnern den Mund zu stopfen« und das heilige Brot zum Zeichen seiner Treue und Rechtschaffenheit einzunehmen. Wie vom Donner gerührt habe Heinrich dagestanden und dankend abgelehnt – für Lampert der Beweis, dass er es mit seinen Zusagen nie ernst gemeint hat. Auch andere Quellentexte glauben dem König taktische Untreue nachweisen zu können, wenn sie ihn bockig und schweigend beim Versöhnungsmahl schildern, galt doch ein gemeinsames Essen in gelöster Stimmung als Ausdruck eines gelungenen Vertragsabschlusses.

Unterstellt man dem König in Canossa kühle Berechnung, wenn nicht gar raffinierte Täuschungsabsicht, dann ging der Punktsieg des Tages klar an ihn. Gregor dagegen stand zumindest in den Augen der Fürstenopposition als Düpierter da. Denn da Heinrich dem Papst das zugesicherte Geleit verweigerte und einige von dessen Legaten auf ihrem Weg ins Reich sogar abfing, kam das geplante Treffen mit den Fürsten nie zustande. Gregor kehrte wegen der unsicheren Lage einige Zeit später nach Rom zurück. In einem Punkt aber irrte Heinrich gewaltig: Der Prestigeverlust, den das Königtum durch das Bußzeremoniell erlitt, war nachhaltiger und wirkungsmächtiger, als er angenommen hatte. Nie zuvor war ein König zu solch einer Demutsgeste gegenüber dem Papst gezwungen gewesen. Wie Heinrich es auch drehen und wenden mochte: Er erschien vor dem Oberhirten in Canossa als reuiger Sünder und nicht als gleichberechtigter Verhandlungspartner. In den drei Tagen seines barfüßigen Auftritts vor den Burgmauern war er dem Wohlwollen des Papstes ausgeliefert, dem die alleinige Binde- und Lösegewalt in geistlichen Angelegenheiten zukam und der allein in diesem Moment über das Wohl und Wehe seines gefallenen Schäfchens entschied. Durch seinen Bußgang akzeptierte Heinrich prinzipiell die geistliche Vorrangstellung des Papstes, die in seiner Zeit eben nicht auf den religiösen Bereich beschränkt war, sondern immer auch eine politische Dimension besaß. Festzuhalten bleibt auch, dass Heinrich nur einen Tagessieg erzielte, während sich die Fürstenopposition im Reich wenige Monate später durch die Wahl eines Gegenkönigs erneut organisierte. Den Rest seiner Regierungszeit kam Heinrich nicht mehr so recht in die Gänge – er blieb auch nach seinem Büßerakt angeschlagen. So sah der Tag von Canossa im Grunde weder einen Sieger noch einen Verlierer. Kein Problem war wirklich gelöst – viel Raum für Deutungsversuche.

Die Reaktion der Fürsten

Für die Fürsten des Reichs kam die Entscheidung des Papstes völlig überraschend. Sie pochten auf die geplante Untersuchung der Amts- und Lebensführung Heinrichs IV. und auf ein Mitspracherecht bei der Wiedereinsetzung des Königs in sein Amt. Unter Federführung Erzbischof Siegfrieds von Mainz trafen sich schon Anfang Februar die Herzöge von Schwaben, Bayern und Kärnten mit etlichen Bischöfen, um »über das Staatswohl« zu verhandeln, wie es Lampert von Hersfeld ausdrückte. Diese illustre Runde setzte für den 13. März 1077 eine große Versammlung in Forchheim an, zu der auch Papst und König geladen wurden – als eine Art Ersatz für das entfallene Augsburger Schiedsgericht. In Forchheim erschienen zwar nicht alle Reichsfürsten, dafür aber die wichtigsten aus der Oppositionsfraktion: die Erzbischöfe von Mainz, Salzburg und Magdeburg, die Bischöfe von Worms, Würzburg, Passau und Halberstadt, die drei süddeutschen Herzöge sowie der ewige Rebell Otto von Northeim. Heinrich IV., um den es ja eigentlich ging, glänzte durch Abwesenheit – Gregor VII., der wegen der unsicheren Lage in Oberitalien nicht persönlich anreiste, schickte Legaten. So waren die Fürsten unter sich und nutzten die Chance, die sich daraus ergab: Am 15. März wählten sie Rudolf von Rheinfelden, den Herzog von Schwaben, zum neuen König. Dieser besaß alle Voraussetzungen für das Amt. Er stammte aus hochadligem Geschlecht mit einer Genealogie, die sich bis auf die Könige von Burgund zurückführen ließ, er war über seine beiden Ehegattinnen mit Heinrich verschwägert und konnte damit als Angehöriger des Salierhauses gelten, und er hatte sich überdies als treuer Anhänger der Kirchen- und Klosterreform mit besten Kontakten zu Papst Gregor VII. erwiesen.

Einen besseren Kandidaten hätten die Fürsten also gar nicht präsentieren können. Trotzdem rangen sie Rudolf vor seiner Krönung im Mainzer Dom noch einige Zugeständnisse ab, die zeigten, welche Stoßrichtung ihr rebellischer Akt hatte. Denn der Gegenkönig wurde nicht nur auf die Ziele der Kirchenreform verpflichtet und darauf, keine Bistümer um Geld oder sonstige Gunsterweise zu vergeben, sondern auch zur Anerkennung des Wahlprinzips bei der Königskür gezwungen. Die königliche Gewalt sollte niemandem mehr, »wie es bisher Brauch gewesen«, als Erbe zufallen. »Vielmehr sollte der Sohn des Königs, auch wenn er noch so würdig sei, eher durch spontane Wahl als durch Sukzession König werden«, wie es in Brunos Sachsengeschichte heißt. Damit schrieben die Fürsten ihr Wahlrecht bei der Königserhebung fest und erteilten dem dynastischen Prinzip eine klare Absage. Niemals wieder sollte ihnen ein so selbstherrlicher und in ihren Augen ungeeigneter König wie Heinrich IV. vor die Nase gesetzt werden! Rudolf nahm die Würde, die ihm auf Grund seiner persönlichen Eignung angetragen wurde und die er nicht vererben konnte, an und stellte sich damit auf die Seite seiner fürstlichen Standesgenossen.

Für Rudolf von Rheinfelden bedeutete die Annahme des (Gegen-)Königtums das größte Abenteuer seines Lebens, denn nie zuvor war ein seit mehr als zwanzig Jahren regierender König in der Blüte seiner Jahre durch die Fürsten einfach seines Amtes enthoben und mit einem Gegenkandidaten konfrontiert worden. Im Grunde war der Vorfall ein handfester Skandal! Ob das Gegenkönigtum Rudolfs überhaupt eine Zukunft hatte, war indes völlig ungewiss, denn in Forchheim hatte sich nur eine Minderheit der Fürsten getroffen, während Heinrich immer noch auf eine relativ breite Anhängerschaft bauen konnte. Was folgte, war für das Reich eine Katastrophe: Ein schrecklicher Bürgerkrieg zerriss das Land, brachte Verwüstung und Unglück über seine Bewohner. Heinrich reagierte im Mai auf einem Hoftag zu Ulm auf die ungeheuerlichen Vorgänge, indem er die drei süddeutschen Herzöge zu Hochverrätern erklärte und ihnen ihre Lehen und Herrschaftsrechte aberkannte. Nach reiflicher Überlegung übergab er die frei gewordenen Herzogtümer an eigene Parteigänger, so 1079 das wichtige Herzogtum Schwaben an den treuen Staufer Friedrich, den er gleichzeitig mit seiner Tochter Agnes verlobte, die noch im Kindesalter stand. Damit ebnete er dem später so bedeutenden Geschlecht der Staufer den Weg nach oben.

Doch auch Rudolf versuchte, sein Königtum mit hochpolitischen Aktionen durchzusetzen. Mit Hilfe seiner Anhänger vergab er sein schwäbisches Herzogtum an seinen Sohn Berthold und verheiratete seinen treuen Parteigänger Berthold II. von Zähringen, der ebenfalls eine Anwartschaft auf das Herzogtum Schwaben hielt, mit einer seiner Töchter. »Oh, erbärmliches Aussehen des Reiches!«, klagte ein Augsburger Chronist. »So, wie bei einem Komödiendichter zu lesen ist: ›Alle sind wir gedoppelt‹, gibt es doppelte Päpste, doppelte Bischöfe, doppelte Könige, doppelte Herzöge.«

Der Papst in der Zwickmühle

Der Papst hielt sich im Thronstreit zunächst auffallend zurück und versuchte Neutralität zu wahren. Immer noch hoffte er, mit einem Schiedsgericht unter seinem Vorsitz die Verhältnisse im Reich ordnen zu können. »Denn wir wünschen (…) die zwischen ihnen schwebende Angelegenheit mit Gottes Hilfe zu verhandeln und darzulegen, auf welcher Seite das größere Recht ist, das Reich zu regieren«, schrieb er in einem Brief. Doch mit dieser Haltung verspielte er seinen Kredit bei den Fürsten, die nicht einsehen mochten, weshalb ein bereits gebannter König ohne abschließendes Urteil unter ihrer Mitwirkung wieder in sein Amt eingesetzt worden war. »Inzwischen vergaß der Papst – ich weiß nicht warum – seinen apostolischen Eifer und wich von seiner früheren Sinnesweise weit ab«, wunderte sich der sächsische Chronist Bruno. »Denn früher hatte er Heinrich mit all seinen Helfern mit apostolischer Strenge exkommuniziert (…) nun aber gebot er in Briefen, eine Versammlung einzuberufen, beide Könige einzuladen und sie anzuhören; wer dann sein Recht auf Herrschaft dartue, der solle nach Absetzung des anderen im sicheren Besitz des Reiches bestätigt werden.« Aber wie kann es sein, fragten sich die Gegner Heinrichs IV., dass ein Urteil der Untersuchung vorausgeht? Hatte der Papst in Canossa womöglich geirrt? »Wie diese Untersuchung vor sich gehen soll, das ist in unseren Augen doch sehr zu verwundern, um es unbeschadet eurer Gnade zu sagen«, schildert Bruno die Klagen der Sachsen, »nämlich dass der, der bereits durch Synodalurteil bedingungslos abgesetzt wurde, während ein anderer bereits durch apostolische Vollmacht in dieser Würde bestätigt ist, nun erst zur Rechenschaft gezogen wird, und dass man mit dem von vorn beginnt, was längst entschieden ist, und eine eindeutige Sache in Frage stellt.« Gregor VII. befand sich in der Tat in einer Zwickmühle. Hätte er das Königtum Rudolfs von Rheinfelden sofort anerkannt, hätte er gleichzeitig erklären müssen, wie seine konziliante Haltung in Canossa gegenüber Heinrich zustande gekommen war, den er ja durch die Loslösung vom Bann eindeutig rehabilitiert hatte. Daher zögerte er eine Stellungnahme in dieser Frage lange hinaus, verhandelte mit beiden Parteien und gab sich der Hoffnung hin, eine für alle Seiten erträgliche Lösung zu finden.

Auf den folgenden Fastensynoden gaben sich die Legaten beider Könige ein fröhliches Stelldichein, um Gregor jeweils auf ihre Seite zu ziehen, erhielten jedoch immer die gleichlautende Antwort, sie sollten Zeit und Ort für ein Schiedsgericht benennen und bis dahin Frieden halten. Tatsächlich gab es mehrere Anläufe, ein solche Versammlung einzuberufen – der Papst schickte dafür sogar seine Legaten ins Reich –, doch hatten beide Thronkontrahenten kein ehrliches Interesse an einem allgemeinen Treffen, sodass auch keines zustande kam. Als der Papst merkte, dass seine Vermittlungsbemühungen systematisch hintergangen wurden, entschloss er sich auf der Fastensynode von 1080 zu einem eindeutigen Schritt: Er bannte Heinrich IV., dem er die Hauptschuld am Nichtzustandekommen des Schiedsgerichtes gab, erneut. In Gestalt eines Gebetes an die Apostelfürsten Petrus und Paulus bezichtigte er den Salier des Ungehorsams, der mit dem Verbrechen des Götzendienstes gleichzusetzen sei, und der Verhinderung des

»Colloquiums«. »Und abermals verbiete ich ihm das Königtum der Deutschen und Italiens im Namen des allmächtigen Gottes und eurem und nehme ihm jede königliche Gewalt und Würde und verbiete, dass irgendein Christ ihm als König gehorcht. (...) Dagegen gewähre und gestatte ich, dass Rudolf, den sich die Deutschen zum König in Treue (...) erkoren, das Deutsche Reich regiere und verteidige. (...) Wie Heinrich nämlich für seinen Hochmut und Ungehorsam sowie seine Falschheit zu Recht der Königswürde verlustig geht, so wird Rudolf wegen seiner Demut, seines Gehorsams und seiner Aufrichtigkeit Gewalt und Würde des Königtums gewährt«, hieß es in der Begründung. Doch der Bann erreichte nicht mehr die Schlagkraft jenes von 1076. Heinrich kämpfte längst mit Waffengewalt um sein Königtum und schränkte Rudolfs Aktionskreis mehr und mehr auf Sachsen ein. Gregor sah sich denn auch genötigt, seinem bedrängten Schützling himmlischen Beistand zukommen zu lassen. »Handelt nun, bitte ich, Väter und heiligste Fürsten, sodass alle Welt sieht und erkennt, dass ihr, wenn ihr im Himmel binden und lösen könnt, auch auf Erden Reiche, König-, Fürsten- und Herzogtümer, Markgrafschaften, Grafschaften und aller Menschen Besitzungen einem jeden nach Verdienst nehmen und geben könnt. (...) Alle Könige und Fürsten dieser Welt mögen nun lernen, wie groß ihr seid, was ihr vermögt, und sie mögen fürchten, den Befehl eurer Kirche gering zu achten. Und vollstreckt möglichst bald euer Urteil an dem genannten Heinrich«, forderte der Papst die Apostelfürsten am Schluss seines Bannspruchs auf. Am Osterfest benannte er in der Peterskirche noch einen regelrechten Termin für das Scheitern Heinrichs: Bis zum Fest des heiligen Petrus sei der König entweder gestürzt oder tot, prophezeite er.

Die Sprache der Waffen

Die Parteinahme Gregors kam für Rudolf von Rheinfelden zu spät. Die großen Schlachten von Mellrichstadt in der Nähe von Schweinfurt im August 1078 und im thüringischen Flarchheim im Januar 1080, in denen die Heere der beiden königlichen Streithähne aufeinandertrafen, hatten zwar keine eindeutige Entscheidung für

Rudolf von Rheinfelden und das Idealbild eines gerechten Königs

Mit Rudolf von Rheinfelden präsentierte die Fürstenopposition 1077 einen allseits geschätzten Mann als Gegenkönig. Selbst die Vita Heinrichs IV. kommt nicht umhin, ihn in den höchsten Tönen zu loben. Lange stand Rudolf loyal zum salischen Königshaus, das ihn immer wieder förderte. 1057 bekam er von Heinrichs Mutter, Kaiserin Agnes, das schwäbische Herzogtum sowie die Verwaltung Burgunds übertragen und gewann wenig später sogar die Zustimmung zur Eheschließung mit der Kaisertochter Mathilde, einer Schwester Heinrichs IV. Nach deren frühem Tod knüpfte er nochmals verwandtschaftliche Bande zu den Saliern, indem er Adelheid von Turin, eine Schwester von Heinrichs Frau Bertha, zur Gattin nahm und damit erneut zum Schwager Heinrichs IV. wurde. Während der Sachsenkriege war Rudolf an der Spitze des schwäbischen Aufgebots zu Gunsten des jungen Königs am Sieg in der Schlacht bei Homburg an der Unstrut 1075 beteiligt.

Nach Heinrichs Bannung wandte sich Rudolf jedoch von seinem Schwager ab, betrieb offen dessen Absetzung und sperrte ihm sogar die Alpenpässe auf seinem Weg nach Italien. Am 15. März 1077 kürte ihn die Fürstenopposition im Reich zum neuen König. Rudolf empfahl sich nicht nur durch seine vornehme Abstammung aus burgundischem Haus und durch seine Beziehungen zu den Saliern, sondern auch durch seine Nähe zur Kirchenreform. Zu Gregor VII. hielt der Gründer des Klosters St. Blasien engen Kontakt.

Den Reformanhängern im Reich erschien er daher als idealer Kandidat, der die Tugenden der Gerechtigkeit und Frömmigkeit vortrefflich zu erfüllen schien. Als »pater patriae« sollte er nach den Vorstellungen der Zeit für Frieden, Einheit und Ordnung sorgen und sich schützend vor die Kirche stellen. Rudolf konnte sich jedoch trotz einiger Erfolge militärisch nicht gegen Heinrich durchsetzen. Sein Tod im Zuge der Schlacht von Hohenmölsen zerschlug 1080 jede Hoffnung auf eine Durchsetzung des Gegenkönigtums.

einen der beiden Kandidaten gebracht, doch immerhin verhindert, dass der Gegenkönig im Reich Fuß fasste. Den stärksten Anhang fand er noch in Sachsen und in Süddeutschland, wo vor allem Schwaben zum Schauplatz der kriegerischen Auseinandersetzungen wurde. Gemessen daran war es schon ein Erfolg, dass Heinrich sein Königtum behaupten konnte. Es gelang ihm sogar, auf Synoden in Bamberg und Mainz die meisten Reichsbischöfe auf seine Seite zu ziehen. Auf einer am 25. Juni 1080 tagenden, von deutschen und lombardischen Bischöfen besuchten Synode in Brixen holte Heinrich dann zum Gegenschlag aus. Auf Grund erneuter heftiger Vorwürfe gegen Gregor, vorgetragen von Kardinal Hugo Candidus, der bereits 1076 federführend an einer Absetzung des Papstes gearbeitet hatte, sollte der »maßlos unverschämte Hildebrand« nun »in kanonischer Weise abgesetzt und vertrieben« und, falls er nicht freiwillig seinen Stuhl räumte, »auf ewig verdammt werden«. Als neuen Papst nominierte die Versammlung Wibert, den Erzbischof von Ravenna. Ganz geschlossen scheinen die Reihen allerdings auch diesmal nicht gewesen zu sein, da die Quellen wiederum von Bischöfen berichten, die sich weigerten, ihre Unterschrift unter das Absetzungsdekret zu setzen. Die Anschuldigungen gegen Gregor, dem man nun auch Mord an seinen Vorgängern, Zauberei und Wahrsagerei vorwarf, erschienen manchem doch zu abstrus. Auch der Autor der Vita Heinrichs IV. beschwor den König: »Lass ab, ich beschwöre dich, ruhmreicher König, lass ab von dem Beginnen, das Haupt der Kirche von seiner Höhe zu stürzen.« Doch zeigte die Brixener Synode, dass der Salier trotz des Gegenkönigs nichts von seiner politischen Handlungsfähigkeit eingebüßt hatte.

Das letzte Wort sprachen jedoch die Waffen. Am 15. Oktober 1080 trafen die Heere der beiden Könige an der Weißen Elster in der Nähe von Naumburg aufeinander. Mit einer großzügigen Stiftung zu Gunsten der Kirche von Speyer hatte Heinrich noch am Vortag versucht, sich den Beistand der Himmelskönigin Maria zu sichern. Diesen hatte er auch nötig, denn Rudolf war mit großer Heeresmacht erschienen. »Gott, bleib nicht still, bleib nicht stumm!«, sangen seine siegesgewissen Krieger beim Vormarsch in Anlehnung an Psalm 83. Bruno berichtete von einem »schrecklichen Morden«, das den letzten Akt des Bürgerkriegs eröffnete. Otto von Northeim brachte die königlichen Truppen in schwere Bedrängnis, sodass sich viele Einheiten, darunter sogar Heinrich selbst, zur Flucht wandten. Sächsische Bauern verfolgten die Flüchtenden mit Äxten und Knüppeln und machten sie nieder. Doch wendete sich das Blatt schließlich zu Gunsten der salischen Partei, als Rudolf von Rheinfelden tödlich verletzt wurde. Ein Schwertstreich traf ihn in den Unterleib, ein anderer an der rechten Hand. Das sahen die Zeitgenossen als Gottesurteil: Ausgerechnet an der Schwurhand, mit der Rudolf einst seinem König die Treue geschworen hatte, vollzog Gott seine Strafe an dem Rebellen. Nur einen Tag später starb der Gegenkönig, womit der Thronstreit endgültig entschieden war. Der tote Gegenkönig bekam im Dom zu Merseburg ein prächtiges Grab. Für seine Anhänger war er ein Märtyrer für die gerechte Sache, ein mutiger Kämpfer für die Kirche und der mit ihr verbundenen Ordnungsvorstellungen. Die bronzene Grabplatte, ein bis heute viel bestauntes Kunstwerk, zeigt die Figur des Toten in königlichem Ornat mit Krone, Zepter und Reichsapfel, ungebrochen und unbesiegt die Auferstehung erwartend. »König Rudolf, der für das Recht der Väter hinweggerafft wurde und der es verdient, beweint zu werden, liegt in diesem Grab«, vermeldet die Umschrift. »Kein König wäre ihm vergleichbar in Rat und Tat seit Karl [dem Großen], wenn er in Frieden hätte regieren können. Da, wo die Seinen siegten, sank er hin als heiliges Opfer des Krieges. Der Tod ward für ihn das Leben. Er fiel für die Kirche.« Schlacht und Krone hatten die Anhänger Rudolfs von Rheinfelden verloren, von der Rechtmäßigkeit ihres Kampfes waren sie aber weiterhin überzeugt. Daher bewahrten sie auch die abgeschlagene, mumifizierte Hand des Toten sorgfältig auf – im Domschatz zu Merseburg ist sie bis heute zu sehen.

Heinrich durfte sich nach der Schlacht bei Hohenmölsen in seinem Königtum bestätigt sehen. Mit wiedergewonnenem Elan ging er kurz danach an den Um- und Ausbau des Speyrer Doms, der erst in dieser Zeit seine überragende Größe und Gestalt erhielt. Wuchtig und monumental demonstrierte der König seinen

Anspruch auf unumschränkte Herrschaft. Nach dem Sieg über seine innenpolitischen Gegner hatte er nun endlich freie Hand, auch seinen letzten Widersacher niederzuringen – Papst Gregor VII. Die Kaiserkrönung in Rom sollte zum glanzvollen Höhepunkt in seinem Leben werden. Da er die Krone keinesfalls aus den Händen Gregors erhalten konnte, ging es nun darum, dem Erzbischof von Ravenna als designiertem neuen Papst den Weg in die Ewige Stadt zu ebnen. Schon im folgenden Frühjahr brach Heinrich über die Alpen nach Süden auf. Hatte der König durch seinen Bußgang am Ende doch noch triumphiert? War der Büßer im Schnee der eigentliche Gewinner der Auseinandersetzung mit dem Papst?

+++ Auf dem Weg zum Wormser Konkordat – Sieger und Verlierer +++

Für einen kurzen Moment sah es so aus, als ob Heinrich IV. als strahlender Sieger aus der Auseinandersetzung mit dem Papsttum hervorgehen würde. Glanzvoll zog er in Rom ein und ließ sich von »seinem« Gegenpapst zum Kaiser krönen – doch blieb Heinrichs Herrschaft im Reich schwer angeschlagen. Und wie die langfristige Entwicklung zeigte, gingen auch nicht das Königtum, sondern die Fürsten und das Papsttum als Gewinner aus der Machtprobe hervor.

Die Kaiserkrönung in Rom

In Hochstimmung trat Heinrich an der Spitze seines Heeres die Reise über die Alpen an, doch zeigte sich bald, dass der Romzug kein Spaziergang werden würde. Als der König kurz vor Pfingsten 1081 vor den Toren der Heiligen Stadt stand, verschlossen ihm die Römer alle Türen und hielten fest zu ihrem Bischof und Stadtherrn Gregor VII. Anstelle der an diesem Hochfest üblichen Festkrönungen in der Ewigen Stadt musste der Kaiseranwärter mit einer inszenierten Zeremonie in einem extra errichteten Zeltlager vor den Mauern Roms Vorlieb nehmen. Er habe »Lanzen statt der Wachslichter, Bewaffnete statt der Chöre, Schmähungen statt der Lobsprüche, wildes Geschrei statt des Beifalls« erlebt, spottete der italienische Geschichtsschreiber Bonizo von Sutri. Nach diesem kurzen Romintermezzo zog sich Heinrich zurück, um in Oberitalien gegen die Truppen der Markgräfin Mathilde zu kämpfen, die als verlässlichste Stütze der Reformkirche dem Papst nicht nur ihre bewaffneten Krieger zur Verfügung stellte, sondern ihm um diese Zeit auch ihr gesamtes Allodialgut in Italien und Lothringen vermachte. Auf einer Gerichtssitzung in Lucca verhängte Heinrich daher die Reichsacht über sie und entzog ihr ihre Lehen.

1082 stand der König erneut vor Rom, konnte die Römer aber wiederum nicht auf seine Seite ziehen. Erst im folgenden Jahr gelang ihm mit einer Mischung aus Militäraktion und Verhandlungsgeschick der entscheidende Durchbruch: Nachdem Heinrichs Truppen in die Leostadt rings um die Peterskirche eingebrochen waren, nahmen seine Unterhändler Kontakt zur Stadtbevölkerung und zum römischen Klerus auf, um die Modalitäten einer Kaiserkrönung auszuhandeln. Die unsichere Lage angesichts der bewaffneten Kräfte in der Stadt bewog die Römer schließlich zum Abfall von Gregor VII., der in der stark befestigten Engelsburg Zuflucht suchte. Der Frontwechsel von dreizehn Kardinälen brachte endlich die lang ersehnte Wende: Am 21. März 1084 zog der Salier an der Seite seines Papstkandidaten Wibert von Ravenna in Rom ein. Tatenlos musste Gregor von der Engelsburg aus das Treiben vor seiner Haustür mit ansehen. Erst setzte ihn eine Synode unter dem Vorwurf des Majestätsverbrechens als rechtmäßigen

Papst ab, dann wurde mit der Person Wiberts ein Gegenpapst bestimmt. Am Palmsonntag kürten Klerus und Volk von Rom den Kandidaten des Königs als Clemens III. zum neuen Papst und inthronisierten ihn noch am gleichen Tag im Lateran. Nur eine Woche später, am Ostersonntag, setzte der Neuling auf dem Apostelthron Heinrich IV. und seiner Gemahlin Bertha in der Peterskirche die Kaiserkrone aufs Haupt. Das Ereignis war mit Sicherheit der Höhepunkt in Heinrichs krisenhafter Regierungszeit und wurde in einer mehrtägigen Zeremonie ausgiebig gefeiert. In festlichen Prozessionen, begleitet von Bischöfen, Äbten, Herzögen, Markgrafen und Grafen, besuchte der frisch gekürte Kaiser die Hauptkirchen Roms, wobei er die Insignien seiner Macht – Kaiserkrone, Zepter und Reichsapfel – trug und ihm die heilige Lanze vorausgetragen wurde. Ein Festmahl im Lateran schloss sich an. Gregor dagegen saß in der Engelsburg fest und hoffte auf seine letzten Getreuen, die Normannen.

Gregors Tod im Exil

Die Normannen, die schon 1059 ein Lehnsverhältnis mit dem Papsttum eingegangen waren, eilten nach einigem Zögern zu Hilfe. Zuvor hatte Heinrich IV. versucht, sie für ein Bündnis zu gewinnen, doch Herzog Robert Guiscard stand zu seinen Zusagen gegenüber dem Papst und führte im Mai ein großes Heer heran. Hals über Kopf verließ Heinrich Rom und zeigte keinerlei Bereitschaft, die Stadt, der er doch die Kaiserkrone zu verdanken hatte, zu verteidigen. Im Sturmschritt zog er nordwärts und kehrte über die Alpen ins Reich zurück. So nahm Herzog Robert mit seiner kriegserprobten Schar das ewige Rom ohne viel Federlesen ein, schlug Clemens III. in die Flucht und befreite Gregor VII. Allerdings hatte der Normanne seine Leute nicht im Griff, die mit beispielloser Brutalität plünderten und brandschatzten. Die Verwüstungen und die Erbitterung unter der Bevölkerung waren so groß, dass Gregor unmöglich länger in seiner Bischofsstadt bleiben konnte. Im Schutze der Normannen begab er sich nach Süditalien und lebte fortan in Salerno. Hier starb er am 25. Mai 1085, nicht ohne zuvor seinen Widersacher Clemens III., der nach Abzug Gregors nach Rom zurückgekehrt war, mitsamt seinem Schutzherrn Heinrich IV. auf einer Synode erneut gebannt zu haben. Gregor blieb sich auch im Exil treu – unbeirrt forderte er von Salerno aus in seinen letzten großen Schreiben die Anerkennung des römischen Primats. »Meine geliebten Brüder«, schrieb er, »alle, die Christen heißen und den wahren christlichen Glauben haben, die wissen und glauben, dass der heilige Petrus, der Fürst der Apostel, der Vater aller Christen ist und nach Christus ihr erster Hirte, die heilige römische Kirche die Mutter und Lehrmeisterin aller Kirchen.« Noch einmal wiederholte er sein Ziel, die christliche Religion und den wahren Glauben von »falschen Gewohnheiten« zu reinigen. Selbst auf dem Totenbett bewies Gregor sein unerschütterliches Selbstvertrauen: »Ich habe die Gerechtigkeit geliebt und Unrecht gehasst, deshalb sterbe ich in der Verbannung«, sollen seine letzten Worte gewesen sein. Der streitbare Papst konnte auch im Tod nicht in sein geliebtes Rom zurückkehren, sondern fand sein Grab im Dom von Salerno. Seine äußerst wirkmächtige Idee vom päpstlichen Primat und sein Führungsanspruch über die ganze Christenheit überdauerten freilich seinen Tod. Besonders liebevoll wurde sein Andenken am Hof der Mathilde von Tuszien gepflegt, wo sich die Anhänger der gregorianischen Partei sammelten und viele pro-päpstliche Schriften herausgaben. Knapp sechshundert Jahre nach den dramatischen Vorgängen erhielt Gregor die höchste Auszeichnung, welche die römische Kirche zu vergeben hat: 1606 wurde er auf Initiative des Erzbischofs und des Domkapitels von Salerno heilig gesprochen.

Aufstände im Reich

Mit seiner Kaiserkrönung in Rom hatte Heinrich längst nicht alle seine Kritiker zum Schweigen gebracht. Die Lage im Reich blieb äußerst fragil. Im August 1081 bestimmten die Fürsten mit Heinrich von Salm, einem Mann aus lothringischem Hochadel, einen neuen Gegenkönig, der zwar wenig Anhänger fand, aber immerhin dafür sorgte, dass die Opposition gegen den Salier nicht zum Erliegen kam. Vor allem in Süddeutschland lebte unter Führung des abgesetzten bayerischen Herzogs Welf IV. und des Zähringers

Bertold die aufständische Bewegung fort, die durch die Ernennung von Bertholds Bruder Gebhard zum Bischof von Konstanz und durch die Aktivitäten des Reformklosters Hirsau noch verstärkt wurde. Auch Sachsen zeigte sich nach wie vor rebellisch, wenn auch Otto von Northeim, der Kopf der Aufständischen, 1083 starb. Dabei bemühte sich Heinrich IV. durchaus redlich, die Ordnung im Reich wiederherzustellen. Er ließ 1085 einen für das ganze Reich geltenden Gottesfrieden verkünden, nahm den Gesprächsfaden zu den sächsischen Oppositionellen auf und setzte sich, wenn nötig, militärisch durch. Es gelang ihm, Einvernehmen mit den wichtigsten weltlichen und geistlichen Fürsten Sachsens herzustellen – er besiegelte dieses offenbar mit seiner Eheschließung mit der Witwe des Markgrafen Udo von Stade. Als 1088 auch noch der Gegenkönig Heinrich von Salm starb, konnte sich der Salier wieder fest im Sattel wähnen. Doch er erfüllte trotz aller Anstrengungen seine vornehmste Aufgabe, Integrationsfigur für das Reich zu sein, nicht mehr. Ohne überzeugendes Herrschaftskonzept, ohne eine loyale Anhängerschaft, ohne die volle Unterstützung durch die Kirche war er nicht viel mehr als ein »König ohne Kleider«. Er konnte sich durchsetzen, aber nicht überzeugen. Bei nächster Gelegenheit brachen die alten Feindschaften wieder auf.

Es waren ausgerechnet die Söhne Heinrichs, die Galionsfiguren der neuen Aufstände gegen ihn wurden. Schweres Gewitter kündigte sich schon an, als der 1088 von der gregorianischen Partei gewählte Papst Urban II. eine hochpolitische Ehe zwischen der 43-jährigen Mathilde von Tuszien und dem erst 17-jährigen Sohn Welfs IV. stiftete und damit eine gegen Heinrich gerichtete Machtballung im Süden des Salierreiches initiierte, die diesen sofort zu einem erneuten Italienzug veranlasste. Nach der erfolgreichen Einnahme der zu Mathildes Machtbereich gehörenden Stadt Mantua biss sich der Kaiser 1092 an der Belagerung der Feste Canossa die Zähne aus. Ausgerechnet Canossa brachte ihm erneut eine tiefgreifende Krise ein. Als Konsequenz dieser Niederlage fielen nämlich die wichtigsten lombardischen Städte von Heinrich ab, die süddeutschen Gegner formierten sich erneut und traten in Kontakt zur sächsischen Opposition – und um das Maß voll zu machen, schloss sich Heinrichs Sohn Konrad, seit 1087 Mitkönig, der Bewegung an. Er ließ sich eigenmächtig vom Erzbischof von Mailand zum König von Italien krönen und ging ein Bündnis mit Mathilde von Tuszien und Welf IV. ein. Auch die zweite Gattin Heinrichs, Praxedis, suchte 1094 Zuflucht bei Mathilde.

Urban II. witterte seine Chance und knüpfte ein festes Band zu den familiären Kontrahenten Heinrichs. Nachdem Praxedis bereits auf einer Synode in Piacenza schlimme Anschuldigungen gegen ihren Gatten vorgebracht hatte, die zur Bestätigung von dessen Exkommunikation führten, traf sich Urban in Cremona mit Konrad, der ihm einen Treueid leistete und sich zur Einhaltung der Investiturregeln verpflichtete. In einem symbolträchtigen Akt führte der junge Salier bei dieser Zusammenkunft das Pferd des Papstes am Zügel und brachte damit seine Unterordnung unter die päpstliche Gewalt zum Ausdruck. Dafür bezeichnete ihn der Papst als »Sohn der römischen Kirche« und stellte ihm die Kaiserkrone in Aussicht. Endlich schien eine Beilegung des jahrelangen Konflikts mit der Kirche in greifbare Nähe gerückt, wenn auch um den Preis der Anerkennung des päpstlichen Machtanspruchs. Heinrich konnte nun nicht mehr reagieren – er saß mit wenigen Getreuen in der Gegend von Verona fest und musste erleben, wie ihm seine Herrschaft mehr und mehr entglitt. Angeblich dachte er in dieser Zeit an Selbstmord.

Heinrichs glanzloses Ende

Dass sich das Blatt nochmals zu seinen Gunsten wendete, verdankte der Salier nicht der eigenen Stärke, sondern dem Zerfall der gegnerischen Koalition. Nachdem die ungleiche Ehe zwischen der Markgräfin und dem jugendlichen Welfen auseinandergegangen war, söhnte sich dessen Vater Welf IV. mit Heinrich aus und erhielt dafür das Herzogtum Bayern zurück. Nun endlich konnte der Kaiser ins Reich zurückkehren, wo er seinen Sohn Konrad auf einem Reichstag in Mainz absetzte und seinen Zweitgeborenen, Heinrich (V.), unter der Zusicherung, dass er sich niemals gegen den Vater erheben werde, zum Nachfolger wählen ließ, was ihm aber nur eine kurzfristige Atempause verschaffte. Konrad starb zwar schon 1101 in Italien, doch auch der zweite Sohn zeigte sich renitent. 1104 setzte er sich aus unbekannten Gründen an die Spitze einer von Bayern ausgehenden Fürstenrebellion. Wiederum erhob sich das Schreckgespenst eines Bürgerkrieges, der das Land zu zerreißen drohte. Heinrich V., der rasch um Hilfe bei Papst Paschalis II. nachsuchte, griff schließlich zu einer List, um seinen Vater auszubooten. Er söhnte sich zum Schein mit ihm aus, lud ihn zu einem Hoftag nach Mainz und brachte ihn auf die Burg Böckelheim an der Nahe, wo er ihn überraschend gefangen setzen ließ. Der völlig überrumpelte Kaiser musste der Herausgabe der Reichsinsignien zustimmen und wurde danach zur Pfalz Ingelheim gebracht. »Nach dieser unrühmlichen Behandlung«, schrieb Heinrich seinem Taufpaten Hugo von Cluny, »führten sie uns aus diesem schrecklichen Gefängnis nach Ingelheim bei Mainz. (…) Wir wurden dort wieder peinlichster Befragung und ungerechten Forderungen unterworfen in Gegenwart des päpstlichen Legaten. (…) Wir erfragten darauf eindringlich, ob es für uns noch irgendeine Hoffnung auf Leben oder Rettung gebe oder eine Möglichkeit freizukommen. Man gab uns zur Antwort, wir könnten der drückenden Gefangenschaft nur entrinnen, wenn wir das ausführten, was sie uns gegen Recht und Würde abverlangten, nämlich, dass wir nach ihrem Willen die Krone des Reiches herausgäben.« Schweren Herzens willigte Heinrich IV. in seine Abdankung ein.

Zu Beginn des Jahres 1106 wurde sein Sohn in Mainz von den Fürsten zum neuen König gekürt, womit sich die jahrzehntelange Fürstenopposition gegen Heinrich IV. endgültig durchgesetzt hatte. Den jungen Salier wählten die »Königsmacher« dabei nicht infolge der väterlichen Designation, sondern aus eigener, freier Entscheidung. »Wir, die wir als Söhne der Braut Christi durch den Heiligen Geist einmütig zur Einheit des Glaubens zurückgekehrt sind, haben dem unverbesserlichen Haupt jener Spaltungen, unserem angeblichen Kaiser Heinrich, endgültig abgeschworen«, ließen die Fürsten stolz wissen. Auf dem Mainzer Hoftag brach unbeschreiblicher Jubel aus, als der Regierungswechsel vollzogen war, endlich war der »Erzpirat, der Fürst der Häretiker, der Abtrünnige und Verfolger der Seelen und Leiber«, wie es die Chronik des Ekkehard von Aura drastisch formuliert, niedergerungen. Noch einmal setzte der alternde und gedemütigte Kaiser alles auf eine Karte, als er aus der Ingelheimer Haft ins Rheinland entfloh, um erneut eine bewaffnete Anhängerschaft um sich zu scharen. Doch vor der großen Entscheidungsschlacht zwischen Vater und Sohn starb Heinrich IV. am 7. August 1106 in Lüttich. Seine Leiche wurde seinem Wunsch gemäß nach Speyer gebracht, musste aber fünf lange Jahre in einer ungeweihten Seitenkapelle ruhen, bis endlich der Bann über seine Person aufgehoben wurde und er 1111 in der Grablege der Salier bestattet werden konnte.

Die Gewinner der Auseinandersetzung

Die Reichsfürsten

Die lang andauernden Querelen in der Regierungszeit Heinrichs IV. deuten auf ein gestiegenes Selbstbewusstsein der Fürsten. Die geistlichen und weltlichen Großen fühlten sich zunehmend als die wahren »Häupter des Reiches«, als die Lenker und Hüter der »Staatsangelegenheiten«. Ob bei der Entführung des unmündigen Königskindes in Kaiserswerth oder bei der großen Reichsversammlung von Trebur 1076, ob bei der Wahl eines Gegenkönigs in Forchheim oder der Entmachtung des alternden Königs zu Gunsten seines Sohnes – die Fürsten beanspruchten in all diesen Fällen das Recht, die Angelegenheiten des Reiches ordnend in die Hand zu nehmen und gemeinsame Konfliktlösungen zu suchen, notfalls auch gegen die Interessen des Königs. An der Führung der Reichsgeschäfte wollten sie in angemessener Form beteiligt werden, und wenn dies nicht geschah, reagierten sie mit trotzigem Unmut oder mit Aufständen. Schon früh beschwerten sich die Fürsten bei Heinrich IV., er würde sie nicht ausreichend zu Rate ziehen oder sich mit den »Falschen« beraten. Ein autoritär regierender König, der nicht auf einen durch allgemeine Zustimmung getragenen Konsens setzte, war für sie inakzeptabel.

Längst hatten die hohen Herren den Aufbau eigener Herrschaftsgebiete begonnen und fühlten sich durch das eigenmächtige Regiment der Salierkönige in ihren Plänen gestört. Die Bischöfe, durch die Verleihung hoheitlicher Rechte wie Zoll-, Münz- und Marktrechte in ihren Machtbefugnissen gestärkt, förderten die wirtschaftliche Entwicklung ihrer Bistümer und mauserten sich in ihren Residenzen zu veritablen Stadtherren. Ein reiche Bautätigkeit, die das Bild der Städte mit einem Kranz von Domen, Klöstern, Stiften und Bischofspfalzen schmückte, und ein stetiges Bevölkerungswachstum kennzeichneten diese aufstrebenden Bischofsstädte, die mit Dom- und Kathedralschulen gleichzeitig die Funktion von Bildungszentren übernahmen.

Der weltliche Adel zeigte nicht weniger Aktivität beim Auf- und Ausbau geschlossener Herrschaften. Wer konnte, leistete sich eine der hochmodernen Höhenburgen zur Absicherung seiner Macht, kontrollierte mit ihrer Hilfe Wasser- und Landwege und besetzte sie mit treu ergebenen Dienstmannen, Ministerialen, die aus der Unfreiheit aufstiegen und ihrem Herrn dadurch besonders verpflichtet waren. Durch geschickte Heiratspolitik, durch Königsnähe oder Aneignung verschiedener Herrschaftsrechte wie der Vogteien ließ sich so mancher Streubesitz arrondieren und an die nächste Generation weitergeben. Der Aufstieg der Staufer, Zähringer und Wittelsbacher nahm damals seinen Ausgang. Was man in diesen dynamischen Zeiten ganz gewiss nicht brauchte, war ein Autokrat, der seine eigenen dynastischen Ziele verfolgte und mit dem Aufbau einer starken Zentralgewalt die Herrschaftsbildung der anderen störte. Mehr und mehr begannen sich die Interessen des Königs von denen des »Reiches« zu trennen.

Wie stark die Salier inzwischen von der Mitarbeit ihrer Großen abhängig geworden waren, zeigte der im Desaster endende Versuch Heinrichs V., auf Kosten der geistlichen Fürsten den lang ersehnten Ausgleich mit der Kirche herbeizuführen. Kurz vor seiner Kaiserkrönung in Rom handelte er mit den päpstlichen Unterhändlern ein höchst gewagtes Abkommen aus, das den Episkopat verpflichtete, sämtliche weltlichen Herrschaftsrechte und Besitzungen dem Reich zurückzugeben. Den Bischöfen und Äbten sollten nur noch die Spenden der Gläubigen, der Zehnt und ihr Eigenbesitz zum Lebensunterhalt bleiben. Dafür verzichtete der König auf jede Form der Investitur, da die Geistlichkeit zukünftig keine Funktion im Dienste des Reichs mehr übernehmen sollte. Dieser ohne Mitwirkung der Betroffenen zustande gekommene Beschluss löste jedoch einen Sturm des Protestes aus. Als die Abmachung am 12. Februar 1111 kurz vor den Feierlichkeiten zur Kaiserkrönung in der Peterskirche verlesen wurde, gingen die Bischöfe, die damit auf einen Schlag ihre weltliche Machtstellung zu verlieren drohten, auf die Barrikaden. Wütendes Geschrei erhob sich, die Getreuen des Königs zückten die Schwerter, um die hohe Geistlichkeit mit Waffengewalt zur Zustimmung zu nötigen, was wiederum der König in letzter Minute verhinderte. Der ganze Krönungsakt musste unterbrochen werden. Um keinen Preis wollten die Bischöfe ihre Stellung im Reich verlieren – sie kämpften nicht nur um den Reichtum ihrer Bistümer, sondern auch um ihren politischen Einfluss und ihre Schutz- und Friedensgewalt über das einfache Volk. Eine arme Kirche wäre eine bedeutungslose Kirche geworden. Auf die völlig verfahrene Situation reagierte der Salier mit einem schlichten Gewaltakt: Er nahm Papst Paschalis II. und seine Kardinäle gefangen und erzwang im Vertrag von Ponte Mammolo Wochen später vom Papst die Bestätigung der traditionellen Investiturpraxis und die Zusage der Kaiserkrönung, die dann am 13. April 1111 tatsächlich erfolgte. Das von den Kritikern als »Pravileg«, als »böses Recht« verspottete Dokument fand natürlich keine Anerkennung und wurde von einem Laterankonzil 1112 widerrufen. Mit seinem Handstreich hatte Heinrich V. zwar seine Kaiserkrönung durchgesetzt, doch galt er fortan als grausamer Tyrann und »Fahnenträger des Antichristen«. »Oh armseliges Germanien, welcher Wahnsinn hat dich erfasst?«, klagte ein päpstlicher Parteigänger.

Heinrich hatte mit seinem Gewaltakt alle Seiten verprellt – die Kirche wie die Fürsten. Als er nach Deutschland zurückkehrte, sah er sich einem Berg von Problemen gegenüber. Eine Synode hatte ihm den Bannstrahl hinterhergeschleudert, die Großen des Reiches sahen jedes Vertrauen zu ihm untergraben und probten allerorten den Aufstand. Jede Maßnahme, die Heinrich traf, stieß auf den hartnäckigen Widerstand der Opposition. Zu seinen schärfsten Widersachern gehörten sein ehemaliger Vertrauter, Erzbischof Adalbert von Mainz, und der Herzog von Sachsen, Lothar von Supplinburg. Der Salier konnte den Zerfall seiner Macht kaum aufhalten und war in seinem Aktionsradius nach einer schweren militärischen Niederlage 1115 auf das Main- und Mittelrheingebiet beschränkt. Als Kompensation hoffte er mit einem zweiten Italienzug das Erbe der am 24. Juli 1115 verstorbenen Mathilde von Tuszien zu sichern, die ihr Testament nach dem Tod Gregors VII. mehrfach geändert und einen Teil ihrer Güter Heinrich V. vermacht hatte. Doch half ihm dies nicht viel weiter, weil ein Ausgleich mit der Kirche in der leidigen Investiturfrage auch unter dem Nachfolger Paschalis' II., Calixt II., nicht zustande kam, und der Salier wegen seiner Widerborstigkeit erneut gebannt wurde.

Nun riss den Fürsten endgültig der Geduldsfaden. Kurz bevor ein weiterer zerstörerischer Waffengang das Reich zu beschädigen drohte, setzten sie auf einem Hoftag zu Würzburg 1121 dem Gebannten – ganz ähnlich wie seinem Vater vor Canossa – das Messer auf die Brust: Der Streit mit der Kirche sollte unbeschadet der Rechte des Reiches mit ihrer Hilfe nun endgültig geschlichtet werden. »Das ist der Beschluss, auf den sich die Fürsten im Streit zwischen dem Herrn Kaiser und dem Reich verständigt haben«, verkündeten die hohen Herren selbstbewusst. »Der Herr Kaiser möge dem Apostolischen Stuhl gehorchen. Bezüglich des Schadens, den er der Kirche zugefügt hat, wird mit Rat und Hilfe der Fürsten zwischen ihm und dem Herrn Papst ein Vergleich geschaffen, und der mit dem Papst zu schließende Frieden muss fest und unverbrüchlich sein, sodass der Herr Kaiser erhält, was ihm und dem Reich gehört und dass die Kirche und ein jeder das Seinige ruhig und friedlich besitze.« Die Fürsten machten eindeutig klar, dass eine Lösung nur mit ihnen zu finden war und diese notfalls auch gegen den Willen des Kaisers durchzusetzen sei. »Was das betrifft, dass die Kirche gegen den Kaiser und das Reich wegen der Investitur Klage führt, so werden die Fürsten sich ohne List und ohne Heuchelei bemühen, dass das Reich in dieser Sache seinen Rechtsstand erhält.« Im Selbstverständnis der Großen repräsentierten sie selbst das Reich, nicht mehr der König. Ekkehard von Aura bezeichnet sie in seiner Chronik daher folgerichtig als »Häupter des Reiches« und weist darauf hin, dass alle Beschlüsse »nicht durch sein [Heinrichs V.] Urteil und nach dem Bestreben seiner Leute, sonder gemäß Fürstenbeschluss entschieden wurden«. Nach dem Würzburger Hoftag nahmen päpstliche Legaten und geistliche und weltliche Große Verhandlungen auf, die ein Jahr später zum Wormser Konkordat führten. Nach fünfzigjähriger Auseinandersetzung war ein tragfähiger Kompromiss gefunden, der den Investiturstreit beilegte.

Der Ausbau der Landesherrschaften

Ihr Beharren auf Teilhabe an den Regierungsgeschäften hatte sich für die Fürsten während des Investiturstreits voll ausgezahlt. Nach dem Tod des kinderlosen Heinrich V., mit dem die Dynastie der Salier 1125 erlosch, setzten sie den einmal eingeschlagenen Weg fort und zwangen das Königtum, Rechte und Privilegien schrittweise abzugeben. Zugute kam ihnen dabei die Ausbildung des Lehnsrechtes im Verlaufe des 12. Jahrhunderts, welches das Verhältnis von Lehnsherr und Vasall in ein klar definiertes System von Rechten und Pflichten goss. Der von Eike von Repgow in der ersten Hälfte des 13. Jahrhunderts zusammengestellte »Sachsenspiegel« fixierte dieses auf Wechselseitigkeit ausgerichtete Ordnungssystem erstmals detailliert. Den Kaisern gelang es im Gegenzug nicht mehr, eine universale Herrschaftsidee umzusetzen. Der Staufer Friedrich Barbarossa musste nach jahrelangen Kämpfen und Auseinandersetzungen seine Vorstellung von einem imperialen Kaisertum, das mit einer handfesten Machtpolitik in Italien verbunden war, aufgeben und sich dem Papst und den Fürsten beugen, während sein Sohn Heinrich VI. an der Realisierung eines Planes scheiterte, der aus dem Reich eine Erbmonarchie gemacht hätte.

Unter keinen Umständen waren die Fürsten bereit, auf ihre in der Zwischenzeit gewachsenen Vorrechte zu verzichten. Ganz im Gegenteil: Unter dem Stauferkaiser Friedrich II. erzwangen sie die Verbriefung längst praktizierter Königsrechte, die seit 1220 für die geistlichen, seit 1232 auch für die weltlichen Herrschaftsgebiete galten. Im »Statutum in favorem principum« (»Gesetz zu Gunsten der Fürsten«) verzichtete das Königtum ausdrücklich auf Hoheitsrechte wie Münz-, Geleit- und Burgenrecht und übertrug sie auf die fürstlichen Territorien, die sich damit unbeschadet königlicher Einflussnahme zu geschlossenen Herrschaftsräumen entwickeln konnten. »Ein jeder Fürst habe freien Gebrauch seiner Freiheiten, Gerichtsbefugnisse, Grafschaften und Zehnten nach den Gewohnheitsrechten seines Landes, sie seien sein Eigentum oder Lehen«, lautet der Kernsatz der Vergünstigung. Der König dürfe keine Städte, Burgen oder Münzprägestätten zum Nachteil der Fürsten errichten, er dürfe auch die fürstliche Gerichtsbarkeit nicht einschränken. Damit wurde die Fülle unterschiedlicher Einzelprivilegien in eine einheitliche, in allen fürstlichen Territorien geltende Rechtsordnung umgewandelt. Die Stellung der Großen als »kräftige Glieder«, auf denen die kaiserliche Macht ruhte, wurde in vollem Umfang anerkannt. »Hoch erhaben ist der Thron unseres Reiches, und in Gerechtigkeit und Frieden handhaben wir seine Regierung, wenn wir mit gebotener Aufmerksamkeit an das Recht unserer Fürsten und Magnaten denken, durch die, wie das Haupt auf kräftigen Gliedern ruht (…), unsere Herrschaft und unsere gewaltige kaiserliche Größe gebietend aufsteigt, von ihren Schultern gestützt und getragen.« In den kaiserlichen Urkunden ist fortan die Rede vom »einheitlichen Körper des Reiches«, in dem der Herrscher das Haupt und die Fürsten die Glieder sind. In den Jahrzehnten nach dem Aussterben der Staufer, in denen das Reich keinen oder nur ganz schwache Herrscher sah, nutzten die Fürsten die sich ihnen bietenden Möglichkeiten und bauten ihre Territorialherrschaft aus. Wie kleine Könige durften sie sich in ihren engeren Landesgrenzen fühlen, während die wahren Träger der Königskrone mehr und mehr an politischer Gestaltungskraft einbüßten. Die allmählich üblich werdende Erblichkeit der Lehen entzog immer größere Landesteile dem Zugriff der Könige, die sich fortan auf die eigene Hausmacht zurückgeworfen sahen.

Die Königsmacher

Vor allem anderen verteidigten die Fürsten ihr Vorrecht auf die Königswahl, durch die sie ihnen genehme Kandidaten an die Macht brachten. So wurde sehr häufig nicht der durchsetzungsfähigste, sondern der vermeintlich schwächste Thronprätendent gewählt. Ein halbes Jahrhundert nach dem Investiturstreit beschreibt der Chronist Otto von Freising die Gewohnheit, »dass das Könitgtum sich nicht nach der Blutsverwandtschaft vererbt, sondern dass die Könige durch Wahl der Fürsten eingesetzt werden«, bereits als »altes Recht«. Der Kreis der Wahlberechtigten verengte sich dabei zunehmend auf die sieben Kurfürsten, zu denen vier weltliche Fürsten – der Herzog von Sachsen, der Markgraf von Brandenburg, der König von Böhmen und der Pfalzgraf bei Rhein – und drei geistliche Würdenträger – die Erzbischöfe von Mainz, Köln und Trier – zählten. Der sogenannte Kurverein von Rhense, eine Zusammenkunft von sechs Kurfürsten am Rheinufer bei Rhens, legte 1338 in einem Rechtsspruch fest, dass die Königswahl allein durch den Mehrheitsbeschluss der Kurfürsten rechtsgültig sei und der Gewählte keiner päpstlichen Bestätigung mehr bedürfe.

In der Goldenen Bulle von 1356, dem ersten Verfassungsdokument des Reiches, regelte Kaiser Karl IV. die Königswahl endgültig. Der Kreis der Kurfürsten wurde auf die genannten sieben festgelegt, die über Mehrheitsbeschluss den in Frankfurt zu wählenden und in Aachen zu krönenden König bestimmten, wobei eine Bestätigung durch den Papst nicht mehr für notwendig erachtet wurde. Der von den Fürsten Gewählte war automatisch »römischer König und künftiger Kaiser«. Den Kurfürsten bewilligte die Bulle dafür eine Reihe von Vorrechten wie die Unteilbarkeit ihrer Herrschaftsgebiete, das Majestätsrecht sowie die Gerichts- und Landeshoheit.

Ein für alle Mal hatten die Fürsten damit ihre Mitwirkung an den Reichsgeschäften durchgesetzt – ohne sie lief in Zukunft nichts mehr. Damit nahm das Reich eine andere Entwicklung als seine Nachbarterritorien, in denen sich früh die Erbmonarchie durchsetzte, wodurch sie eine stärker nationalstaatliche Ausrichtung bekamen. Die Struktur des Reiches blieb föderativ und dem kollegialen Prinzip verpflichtet. Wie weit die (kur-)fürstliche Autonomie ging, zeigte das Schicksal König Wenzels, Sohn Karls IV. Da er sich überwiegend in Böhmen aufhielt und seine Macht im Reich nicht durchsetzen konnte, wurde er im Jahr 1400 auf Initiative der vier rheinischen Kurfürsten kurzerhand »wegen Untätigkeit« abgesetzt. Er ging unter dem Namen »Wenzel der Faule« in die Geschichtsbücher ein. Wer das Recht zur Königswahl hat, da waren sich die hohen Herren unter Berufung auf die Goldene Bulle einig, hat auch die Kompetenz zur Absetzung.

Die Papstkirche im Aufwind

Der Tod Gregors VII. brachte für die Reformkirche keine wesentliche Schwächung, denn seine Nachfolger hielten ihre Forderung nach »Freiheit der Kirche« vom Einfluss der Laien unerschütterlich aufrecht. Mit Urban II. trat 1088 ein ebenso prinzipientreuer wie taktisch geschickter Oberhirte an die Spitze der Christenheit. Der ehemalige Prior von Cluny und Kardinalbischof von Ostia, der sich immer noch mit dem Gegenpapst Clemens III. konfrontiert sah, rückte keinen Zentimeter vom einmal eingeschlagenen Weg ab, zeigte aber genügend Maß, den Streit mit der weltlichen Macht nicht völlig eskalieren zu lassen. Im Reich, wo er seinen wichtigsten Ansprechpartner in Bischof Gebhard III. von Konstanz fand, ging er mit Bischöfen, die in der Spätphase von Heinrichs IV. Regierungszeit geweiht worden waren, nachsichtig um, beließ sie im Amt und hoffte sie dadurch vom gebannten König trennen zu können. Nach und nach gelang es Urban, allgemeine Anerkennung zu finden und Rom zurückzugewinnen. Auch wenn nach dem Tod Clemens III. im Jahr 1100 das Schisma durch die erneute Wahl von Gegenpäpsten fortdauerte, setzte sich unter seinem Pontifikat die Reformpartei in Rom doch so weit durch, dass auf der Synode von Piacenza 1095 der Kampf um die Reformziele mit Nachdruck wieder aufgenommen werden konnte. Die früheren Beschlüsse gegen die Simonie wurden ebenso erneuert wie der Bann über den Gegenpapst, der Schulterschluss mit den Gegnern des Königs wurde durch das Auftreten der geflüchteten Praxedis gestärkt. Kurze Zeit später wertete der abtrünnige Königssohn

Konrad bei einem Zusammentreffen mit dem Papst in Cremona die päpstliche Stellung durch das markante Ritual des Marschalldienstes auf. Auf dem Konzil von Clermont im November des gleichen Jahres trat Urban dann selbstbewusst und seiner Sache sicher auf. In einem großen Reformdekret verbot er nochmals die Laieninvestitur und untersagte seinen Bischöfen und Priestern sogar, dem König oder irgendeinem anderen Laien den Lehnseid zu leisten. Damit erweiterte Urban das von seinen Vorgängern ausgesprochene Verbot der Laieninvestitur, das nun nicht mehr nur den königlichen Einfluss auf die kirchliche Personalauswahl, sondern auch die Einbindung von Bischöfen in Funktionen des Reiches in Frage stellte. Fortan sollte das Bischofsamt in keinem Fall mehr ein »Amt des Reiches« sein, sondern ein rein »kirchliches Amt«.

Vor allem aber gelang es Urban auf dem Konzil eindrucksvoll, sich als oberste Autorität der Gesamtkirche in Szene zu setzen. In einer wirkmächtigen Rede rief er seine zahlreich anwesende Zuhörerschaft zur militärischen Unterstützung der durch den Vormarsch der Seldschuken in Bedrängnis geratenen byzantinischen Christengemeinden in Kleinasien und zur Befreiung der Heiligen Stätten Palästinas von der muslimischen Herrschaft auf, womit der Erste Kreuzzug seinen Anfang nahm. Urbans Worte rührten die Menschen zu Tränen, tausendfach erscholl der Ruf »Gott will es«, und scharenweise hefteten sich Freiwillige unmittelbar nach der Rede zum Zeichen ihrer bewaffneten Pilgerschaft das rote Stoffkreuz auf die rechte Schulter. Geschickt hatte der Papst den Teilnehmern des Kreuzzuges den Erlass aller zeitlichen Sündenstrafen in Aussicht gestellt und damit seine Botschaft von der allumfassenden Binde- und Lösegewalt des Papstes eindrucksvoll unter die Massen gebracht. Grundlage dieses Versprechens war die Idee, dass alle Verdienste des hl. Petrus auf dessen Amtsnachfolger auf dem Apostolischen Stuhl übergegangen seien und dass diese über den Gnadenschatz der Kirche frei verfügen könnten. Mit dem Aufruf zum Kreuzzug und dem damit verbundenen Ablassgedanken hatte Urban II. wirkungsvolle Instrumentarien geschaffen, die gläubigen Massen an das Papsttum zu binden. Die religiöse Begeisterung, die das Ablassversprechen entfachte, machte den Papst zur unumstrittenen Leitfigur der Christenheit. Zum ersten Mal im Mittelalter erlebten die einfachen Gläubigen die päpstliche Machtfülle in unmittelbarer Auswirkung auf ihr eigenes Leben. Ob Kreuzzüge, Pilgerfahrten oder Heilige Jahre – die Massen folgten willig den päpstlichen Aufrufen zu unterschiedlichen Gelegenheiten, Ablässe zu erwerben. Der Kaiser in seiner Eigenschaft als gottgegebener Herrscher wurde dagegen mehr und mehr an den Rand des Geschehens gedrängt. Als Gebannter konnte Heinrich IV. am Kreuzzug ohnehin nicht teilnehmen, aber auch in der Begründung seines Machtanspruches geriet er allmählich ins Hintertreffen. Einer so mobilisierenden Idee wie dem Kreuzzugs- und Ablassgedanken hatten die kaiserlichen Chefideologen nichts entgegenzusetzen, auch wenn sie die Sakralität des Königsamtes noch so sehr betonten. Die Berufung auf das Gottesgnadentum glich die päpstliche Gewalt über das Seelenheil der Gläubigen nicht annähernd aus – die Päpste wussten den sich daraus ergebenden Vorteil künftig meisterhaft zu nutzen. Mit den Kreuzzügen verpflichteten sie die streitlustige Ritterschaft nicht nur auf das Idealbild des christlichen Kämpfers, sondern nahmen sie zugleich für ihre ureigensten politischen Ziele in Dienst. Denn Kreuzzüge wurden nicht nur gegen die Muslime im Heiligen Land geführt, sondern auch gegen päpstliche Widersacher in Italien, gegen Ketzer und Häretiker in ganz Mitteleuropa oder gegen Heiden in den entlegenen Randzonen des Kontinents, so dass sich dem Papsttum über die Kreuzzugsidee auch ein politischer Handlungsspielraum eröffnete, der in Zusammenarbeit mit den weltlichen Großen, die dabei ihren eigenen Vorteil suchten, genutzt werden konnte.

Ansätze zur Lösung des Konflikts

Urbans Nachfolger Paschalis II., dessen Pontifikat 1099 begann, führte die Politik seines Vorgängers fort und bestand ebenfalls hartnäckig auf der Einhaltung des Investiturverbots. 1102 bannte er Heinrich IV. erneut und unterstützte offen dessen Sohn Heinrich V. bei seinem Aufstand gegen den Vater. Die Situation war also denkbar verfahren, als führende Kirchenrechtler sich endlich des Problems annahmen und eine Lösung des Konflikts vorbereiteten. Bischof Ivo von Chartres, einer der besten Rechtsgelehrten seiner Zeit, hatte 1090 sein Amt aus den Händen des französischen Königs Philipp I. erhalten und damit das Investiturproblem in eigener Person erlebt. Daher schlug er eine versöhnliche Richtung gegenüber dem Königtum ein und plädierte dafür, Mäßigung und Liebe bei der Anwendung des kanonischen Rechts walten zu lassen und nicht prinzipielle Rechthaberei zu üben. In einem Brief an den Erzbischof von Lyon, Hugo von Die, der als päpstlicher Legat in Frankreich besonders harsch für die Ziele der Kirchenreform gekämpft hatte, legte er 1097 dar, dass es einen Unterschied zwischen der weltlichen und geistlichen Funktion des Bischofsamtes gebe. Die königliche Investitur beziehe sich allein auf den Landbesitz und andere weltliche Güter einer Kirche, die sogenannten »Temporalien«, die der Bischof im Auftrag des Königs verwalte, während die geistliche Dimension des Amtes davon gänzlich unberührt bleibe. Dem König sei es daher durchaus erlaubt, im Rahmen eines Rechtsaktes den Bischof in sein weltliches Aufgabenfeld einzuführen, mit welchen Symbolen auch immer. Es handele sich nach Ivos Ansicht dabei um eine Zeremonie ohne sakramentale Bedeutung. Wichtig sei dagegen die kanonisch rechtmäßige Wahl des Kandidaten durch Klerus und Volk der Ortsdiözese, damit nur geeignete Persönlichkeiten berufen würden, die der geistlichen Bedeutung des Amtes entsprechen. Mit dieser feinen Unterscheidung zwischen »Temporalien« und »Spiritualien« baute Ivo eine goldene Brücke zur Lösung des Investiturstreits. Langfristig erwies sich dieser Vorschlag als bedeutungsvoll, denn er bereitete die Trennung von »Kirche« und »Welt« in zwei klar voneinander abgegrenzte Bereiche vor. Es dauerte zwar eine gute Weile, bis sich Ivos Ideen innerhalb der Kirche durchsetzten, doch Papst Paschalis II. griff auf sie zurück, als er mit dem französischen und englischen Königtum einen Ausgleich in der Investiturfrage suchte. Bei einem persönlichen Treffen 1107 in Saint-Denis verständigten sich der Papst und König Philipp I. von Frankreich darauf, dass der König auf die Investitur mit Ring und Stab verzichtet, den Bischofskandidaten aber nach der Weihe in den weltlichen Besitz seiner Kirche einführt und dafür einen

Treueid verlangt. Der Verzicht auf die Investitur mit geistlichen Symbolen dürfte dem französischen König dabei nicht allzu schwer gefallen sein, da er ohnehin nur über wenige Bistümer verfügte, deren Mehrzahl sich in der Hand großer Adelsfamilien befand. In England verzichtete zur gleichen Zeit auch König Heinrich I. nach lebhaften Auseinandersetzungen mit Erzbischof Anselm von Canterbury auf die Investitur mit Ring und Stab, doch durfte die Wahl der Bischöfe in seiner Anwesenheit stattfinden. Der Gewählte leistete dem König dann noch vor der Weihe einen Lehnseid für seine weltlichen Besitzungen.

Das Wormser Konkordat

Auch für das Salierreich strebte Paschalis eine Lösung auf Basis der Trennung von »Temporalien« und »Spiritualien« an, wenn auch zunächst in der radikaleren Form des völligen Verzichts der Kirche auf die zum Reich gehörenden Besitzungen. Als dieser Vorschlag 1111 am Widerstand der Reichsbischöfe grandios scheiterte, mussten neue Verhandlungen her. Erst unter Calixt II. und dank der Vermittlung der Reichsfürsten kam ein tragfähiger Kompromiss zustande. Am 23. September 1122 tauschten die päpstlichen Legaten mit den kaiserlichen Unterhändlern auf der Laubwiese vor den Toren von Worms die beiden Vertragstexte aus, die man später als Wormser Konkordat bezeichnete und die einen Interessenausgleich für beide Seiten boten. Heinrich V. verzichtete zukünftig auf die Investitur mit Ring und Stab, gewährte allen Diözesen in seinem Reich die kanonische Wahl und freie Weihe der Bischöfe und sicherte die Rückgabe des während des Investiturstreits entfremdeten Kirchenbesitzes zu. Dafür erlaubte ihm der Papst, bei Bischofs- und Abtwahlen in deutschen Diözesen anwesend zu sein und in strittigen Fällen nach Absprache mit dem zuständigen Metropoliten und dessen Suffraganbischöfen ordnend in das Geschehen einzugreifen. In den weltlichen Besitz der Kirche führte der König den Gewählten fortan mit dem Zepter ein, wofür ihm dieser die herkömmlichen Rechtspflichten zu leisten hatte. In deutschen Diözesen fand die Investitur vor der Weihe, in italienischen und burgundischen dagegen innerhalb von sechs Monaten nach der Weihe statt. Obwohl der Vertragstext viele Fragen offen ließ – zum Beispiel die genaue Definition des Verhältnisses zwischen König und Bischof oder den Einfluss des Herrschers bei einer Doppelwahl –, bedeutete das Wormser Konkordat doch das Ende der langwierigen Auseinandersetzung um die Investitur im Reich. »Ich gebe dir und ebenso allen, die an deiner Seite stehen oder auch gestanden haben zur Zeit dieses Streites, wahren Frieden«, schloss der Papst sein Privileg für Heinrich V. versöhnlich ab.

Der Kirche brachte der Ausgleich etliche Vorteile. Der König war in Reichsitalien und Burgund aus der kirchlichen Personalpolitik mehr oder weniger hinausgedrängt, und auch in Deutschland besaß er nur noch eingeschränkten Zugriff auf die hohen Posten der Reichskirche. Immerhin sicherten ihm seine Anwesenheit bei der Wahl und das nicht genau definierte Eingriffsrecht bei einer strittigen Wahl Einflussmöglichkeiten, wobei unklar blieb, ob diese Vorrechte nur für Heinrich V. oder auch für seine Nachfolger gelten sollten. Die Namensnennung des Saliers in der Papsturkunde deutet darauf hin, dass die Konzessionen nur für ihn selbst Gültigkeit besaßen. Umgekehrt machte der Kaiser seine Zusagen gegenüber Kirche und Papst bindend für die Zukunft, musste also ein wesentlich weiter reichendes Versprechen abgeben als Calixt II. Vor allem aber konnte nun endlich das Verhältnis zwischen Königtum und Reichskirche auf eine neue, rechtlich fundierte Basis gestellt werden, wofür das Lehnsrecht den Ordnungsrahmen vorgab. Für ihre Belehnung mit dem weltlichen Besitz der Kirche leisteten die Bischöfe und Äbte dem König künftig einen Lehnseid, der klar umrissene Rechte und Pflichten mit sich brachte. Handgang und Treueid wurden zur gängigen Ausdrucksform dieser neuen Bindung, die aus den Prälaten Vasallen des Königs machte und den unangemessenen Königsdienst alten Stils durch ein System genau definierter und überprüfbarer Leistungen ersetzte. Aus den einstigen königlichen Amtsträgern wurden nun Herren eigenen Rechts. Den geistlichen Fürsten waren damit für ihre Territorien die gleichen Entwicklungsmöglichkeiten gegeben wie ihren weltlichen Standesgenossen, sodass sie im Zuge der Feudalisierung des Reiches – »feudum« für Lehen – zu mächtigen

Territorialherren aufsteigen konnten. In dem von Eike von Repgow im »Sachsenspiegel« niedergelegten Lehnsrecht nahmen die Reichsprälaten nach dem König den zweiten Heerschild noch vor den weltlichen Fürsten ein, die sie damit an Ansehen und Bedeutung in der mittelalterlichen Gesellschaftsordnung überflügelten. Den Erzbischöfen von Mainz, Köln und Trier kam als »Königsmachern« überdies noch eine ganz besondere Bedeutung zu. Wie die Goldene Bulle festlegte, besaß der Mainzer Erzbischof das Recht, das kurfürstliche Wahlgremium einzuberufen und den Wahlvorgang zu leiten. Da er seine Stimme als Letzter abgab, kam ihm im Zweifelsfall das entscheidende Votum zu. Das Erststimmrecht hatte sich der Trierer Erzbischof reserviert, sein Kölner Kollege stimmte nach ihm ab, erst dann folgten die weltlichen Kurfürsten. In Einfluss und Macht lief den geistlichen Herren so schnell keiner den Rang ab! Die Reichsbischöfe und Reichsäbte darf man daher getrost zu den Gewinnern der Auseinandersetzung um die Investitur zählen.

Das Papsttum auf dem Höhepunkt seiner Macht

Gestärkt ging auch das Papsttum aus der Machtprobe des Investiturstreits hervor. Zum einen hatte der Grundsatzstreit die Reihen nach innen geschlossen, da der Primat des Papstes mit der Durchsetzung der Reformforderungen eng verbunden gewesen war. In diesem Sinne durfte sich Calixt II. durchaus als »Sieger« fühlen. Die Leitung der Gesamtkirche durch den Papst wurde seit dem Ende des Investiturstreits nicht mehr in Frage gestellt – er hatte in Angelegenheiten des Glaubens wie auch in juristischen Streitfällen innerhalb der Kirche die letzte Entscheidungsgewalt, und Kritik am Papsttum galt als schweres Verbrechen. Zielstrebig bauten die Päpste seitdem die Kurie zu einem effektiven Verwaltungsapparat aus, in dem alle kirchenrechtlich relevanten Fälle behandelt wurden, darunter Heiligsprechungsverfahren, Prozesse gegen Kleriker, die Erteilung von Dispensen und Ablässen oder die Gewährung von Privilegien. Zum Ärger der Bischöfe umgingen die Antragsteller dabei oft die lokalen Instanzen und wandten sich mit ihrem Anliegen gleich nach Rom, von wo sie sich eine objek-

Bonifaz VIII. und seine Bulle »Unam sanctam«

Mit seiner Bulle »Unam sanctam« formuliert Bonifaz VIII. 1302 klar den Anspruch des Papsttums auf Vorherrschaft in der Welt. Dabei bezieht er sich auf Gedanken seiner Vorgänger, spitzt die Ansprüche aber in apodiktischer Art und Weise zu. Unmissverständlich macht er klar, dass die weltliche Gewalt der geistlichen untergeordnet ist:

»Eine heilige katholische apostolische Kirche müssen wir im Gehorsam des Glaubens annehmen und festhalten. Und wir glauben diese fest und bekennen sie schlicht, und außer ihr gibt es kein Heil und keine Vergebung der Sünden. In ihr ist ein Herr, ein Glaube, eine Taufe. Zur Zeit der Sintflut gab es eine Arche Noahs, und diese deutete im Voraus hin auf die eine Kirche. Alles, was nicht in ihr war, wurde vernichtet. Von dieser einen und einzigen Kirche also gibt es nur einen Leib und ein Haupt, Christus nämlich und Christi Stellvertreter, Petrus und Petri Nachfolger; sagt doch der Herr zu Petrus selbst: »Weide meine Schafe.« (...)

Wer nun sagt, in des Petrus Hand sei das weltliche Schwert nicht, der merkt nicht recht auf des Herrn Wort, der da sagt: »Stecke dein Schwert in die Scheide!« Beide Schwerter hat die Kirche in ihrer Gewalt, das geistliche und das weltliche. Dieses aber ist für die Kirche zu führen, jenes von ihr. Jenes gehört dem Priester, dieses zu führen von der Hand der Könige und Ritter, aber nur wenn und solange der Priester es will. Ein Schwert aber muss dem anderen untergeordnet sein; die weltliche Macht muss sich der geistlichen fügen. (...) Dass aber die geistliche Macht an Würde und Adel jede weltliche überragt, müssen wir umso freier bekennen, als überhaupt das Geistliche mehr wert ist als das Weltliche. (...) Wenn also die weltliche Macht in die Irre geht, so wird sie von der geistlichen gerichtet werden.

Wer sich also dieser von Gott so geordneten Gewalt widersetzt, der widerstrebt Gottes Ordnung. (...) So erklären wir denn, dass alle menschliche Kreatur bei Verlust ihrer Seelen Seligkeit untertan sein muss dem Papst in Rom, und sagen es ihr und bestimmen es.«

tive, vor allem aber letztgültige Entscheidung erwarteten. Im 12. Jahrhundert bereits häuften sich die Klagen der Kurialen über die hohe Arbeitsbelastung infolge der Prozesslawine, die allerdings nur anzeigte, wie sehr die Autorität der Päpste seit Ende des Investiturstreits gewachsen war. Selbst papsttreue Autoren wie der Zisterzienserabt Bernhard von Clairvaux bedauerten, dass bei all dem Getriebe Kontemplation und Gebet im Lateran auf der Strecke blieben. Ruhiger wurde es dennoch nicht, denn die Päpste reagierten auf die Ausweitung ihrer Kompetenzen mit einer gewaltigen Aufstockung ihres Mitarbeiterstabes, sodass sich in den heiligen Hallen des Laterans bald unzählige Schreiber, Notare, Juristen und die immer wichtiger werdenden Einnahmeverwalter neben den Mitgliedern der eigentlichen Hofkapelle tummelten. Die Stellung des Papstes als oberstem Gesetzgeber und Richter der Kirche führte in der Folge zu einer intensiven Beschäftigung mit dem kanonischen Recht und zu einer gewissenhaften Systematisierung der päpstlichen Schiedssprüche.

Das gewachsene Selbstbewusstsein der Päpste schlug sich auch im Verhältnis zur weltlichen Gewalt nieder. Trotz vielfältiger Bemühungen der Stauferkaiser, eine eigene, auf das Gottesgnadentum wie auf das spätantike römische Recht gestützte universale Herrschaftskonzeption zu entwerfen, gelang es nicht, den päpstlichen Machtansprüchen zu widerstehen. Nachdem Friedrich Barbarossa jahrelang Papst Alexander III. bekämpft hatte, musste er sich diesem im Frieden von Venedig 1177 öffentlich unterwerfen. Anders als in Canossa dauerte das Bußritual diesmal volle drei Wochen. Dabei küsste der Kaiser dem Papst die Füße, leistete ihm den ungeliebten Marschalldienst, indem er als Steigbügelhalter und Pferdeknecht fungierte, und legte schließlich noch ein öffentliches Schuldbekenntnis im Palast des Patriarchen von Venedig ab. »Jedermann soll sehen«, lauteten die Worte des rotbärtigen Kaisers, »dass auch die römische Würde uns nicht vor der menschlichen Schwäche bewahrt und dass die kaiserliche Majestät den Fehler der Verblendung ausschließt.« Deutlicher konnte man die Unterordnung des Kaisers unter die Autorität des Papstes nicht zeigen. Der um 1160/70 formulierte Grundsatz »Der wahre Kaiser ist der Papst« hatte sich damit vor aller Augen bestätigt. Selbstverständlich nahmen die Päpste das Recht für sich in Anspruch, bei der deutschen Königswahl ein Wörtchen mitzureden. Als es 1198 zu einer Doppelwahl zwischen dem Staufer Philipp von Schwaben und dem Welfen Otto IV. kam, die beide Wahlanzeigen nach Rom sandten, lag es an Papst Innozenz III., welchem Bewerber er den Vorzug geben würde. Zunächst entschied er sich für den Welfen, doch als dessen Italienpolitik den päpstlichen Einflussbereich einzuschränken drohte, wandte er sich von ihm ab und protegierte nach dem Tod Philipps den jungen Stauferspross Friedrich II. Er rechtfertigte dies mit der Begründung, der deutsche König habe eine Anwartschaft auf die Kaiserkrone und daher müsse der Papst die Würdigkeit des Kandidaten überprüfen. Es gelte zu vermeiden, argumentierte er in seiner Dekretale »Venerabilem«, dass er einen Unwürdigen, einen Narren oder Ketzer zum Kaiser kröne. Das Wahlvorrecht der Fürsten bleibe davon gänzlich unberührt, beruhigte er die Kritiker. Der äußerst gebildete und kluge Innozenz III., der in Paris Theologie und in Bologna Kirchenrecht studiert hatte und dessen Pontifikat als einer der bedeutendsten des Mittelalters gilt, baute die päpstliche Position nicht nur durch den rechtlich geschickt untermauerten Eingriff in den deutschen Thronstreit aus, sondern auch durch die Ausweitung des Kirchenstaates in Mittelitalien, der das Papsttum allmählich zu einem politischen Faktor werden ließ, durch den Ausbau der kurialen Administration und Finanzverwaltung, die auch die Zahlungen aus weit entfernten Bischofssitzen und lehnsabhängigen Reichen organisierte, und durch den sorgfältigen Umgang mit dem kanonischen Recht, das durch neue Rechtssammlungen erweitert und systematisiert wurde. Innozenz III. fühlte sich als »vicarius Christi«, als Stellvertreter Christi auf Erden, dem die »plenitudo potestatis«, die Vollgewalt in allen kirchlichen und weltlichen Angelegenheiten zustand.

Diese von den Päpsten beanspruchte Machtfülle bekamen die Staufer immer wieder zu spüren, als sie versuchten, die Italienpläne des Heiligen Stuhls zu durchkreuzen und eigene universale Herrschaftskonzeptionen zu entwickeln. Bannflüche, Exkommunikationen und Absetzungen waren die Folge, die in der Spätphase der Stauferherrschaft unter Kaiser Friedrich II. in ein regelrechtes Ringen um Sein oder Nichtsein mündeten. Mit hohem propagandistischen Aufwand beschimpften die Kontrahenten einander als Ausgeburt des Antichristen, als Tyrann und apokalyptische Bestie. Auf dem Konzil von Lyon 1245 wurde Friedrich II. – juristisch feinsinnig begründet – schließlich als Gotteslästerer, Friedensbrecher und Ketzer abgesetzt. Nach dem Tod Friedrichs 1250 beendete das frühe Ableben der letzten Vertreter des Stauferhauses das Kräftemessen dann zu Gunsten der Kirche.

Unter Papst Bonifaz VIII. stand das Papsttum unbestritten auf dem Höhepunkt seiner Macht. An der Wende vom 13. zum 14. Jahrhundert wurde der universale Führungsanspruch der Päpste noch einmal zugespitzt, als der brillante Jurist in der Bulle »Unam sanctam« (1302) die Vorstellung von der Vormachtstellung der geistlichen Gewalt, wie sie seit Gregor VII. ausgebildet worden war, prägnant zusammenfasste. Alle Menschen, so der Papst, auch die Könige und Kaiser, seien auf Grund der Erbsünde sündhaft und bedürften der priesterlichen Mittlerschaft. Die Feststellung gipfelte in dem Grundsatz, dass es für jedes menschliche Geschöpf heilsnotwendig sei, dem römischen Bischof untertan zu sein. Daher sei auch die weltliche Gewalt der geistlichen untergeordnet und erfülle ihre Aufgabe allein im Auftrag der Kirche. Damit war die Gleichrangigkeit von Papsttum und weltlicher Macht endgültig aufgegeben und der Primat des Papstes in allen Fragen der Kirche und der Welt ein für alle Mal festgeschrieben. Für die deutsche Königswahl stellte Bonifaz an anderer Stelle fest, dass der von den Kurfürsten gewählte König vom Papst approbiert werden müsse und bis dahin lediglich »König von Alemannien« und »Gewählter für die römische Königswürde« sei. Erst die päpstliche Bestätigung mache aus dem Elekten einen »richtigen« römischen König mit voller Amtsgewalt, was die mächtigen Reichsfürsten verständlicherweise anders sahen. Auch wenn sich die hier formulierten hohen Ansprüche auf Dauer nicht halten ließen, und das Papsttum kurz nach dem Tod von Bonifaz unter die Dominanz des französischen Königtums geriet, markierte das gestiegene Machtbewusstsein des Papsttums, das Bonifaz so kühn formuliert hatte, doch den gewaltigen geistigen Umbruch seit dem Investiturstreit. Keine Partnerschaft, kein gleichberechtigtes Zusammenwirken, kein harmonisches Miteinander zum Wohle der Christenheit prägten das Verhältnis der beiden Universalgewalten zueinander, sondern der Kampf um Vormachtstellung und Einflusssphären. Kirche und Welt hatten sich weit auseinanderentwickelt und fanden nie mehr zu einer so engen Zusammenarbeit wie unter den ottonischen und frühsalischen Kaisern. Der Dualismus zwischen geistlicher und weltlicher Gewalt, der bis zum Ende des Mittelalters fortdauerte und die Zeitgenossen oft in schwere Kämpfe und in Seelennot verwickelte, verhinderte aber immerhin einen kaiserlichen Absolutismus und eine päpstliche Theokratie. Man hielt sich gegenseitig in Schach.

Die Stunde der Gelehrten

Gottesgnadentum gegen päpstliche Autorität

Der Investiturstreit nötigte die Anhänger beider Parteien, sorgfältig zu argumentieren und die eigene Position zu begründen. Die Berufung allein auf die Bibel genügte dabei nicht mehr, da jede Seite die für sie günstigsten Stellen für sich in Anspruch nahm. Die geschliffene Interpretation, die spitzfindige Differenzierung, die klare Abgrenzung zur Gegenposition traten nun in den Vordergrund. Es schlug die Stunde der Rechtsgelehrten, der Theoretiker und gewieften Wortakrobaten. Es zeigte sich dabei bald, dass der kaiserlichen Seite nicht halb so viele Argumentationsfelder zur Verfügung standen wie den kirchlichen Parteigängern, da diese mit der vollen Wucht des kanonischen Rechts und mit allen Aposteln und Heiligen im Rücken ins Rennen gingen. Den Königen und Kaisern blieb dagegen nur die Berufung auf das Gottesgnadentum und auf das römische Recht, um sich eine Legitimationsbasis zu verschaffen.

Die Parteigänger des Königs betonten, dass Gott die Monarchen zur Herrschaft berufen habe und diese durch Salbung und Weihe der priesterlichen Würde teilhaftig würden. Sie führten dazu eine Stelle aus dem Römerbrief des Paulus ins Feld, nach der jede staatliche Gewalt von Gott eingesetzt sei und ihr daher der schuldige Gehorsam zustehe (Römer 13,1). Jede Auflehnung gegen den Herrscher erschien daher als Rebellion gegen Gott, was natürlich die Frage aufwarf, wie mit ungeeigneten oder schlecht amtierenden Königen umzugehen sei. Der Trierer Scholastikus Wenrich wies darauf hin, dass das Königtum von Anbeginn der Welt bestehe und erst nachträglich von Gott bestätigt worden sei. Schlechte Könige, so sein Mitstreiter Sigebert von Gembloux, müssten ertragen werden, da sie eine Strafe Gottes für die Sünden des Volkes seien. Für den glühenden Heinrich-Anhänger Benzo von Alba schließlich war der Kaiser die von Gott gesandte Lichtgestalt in der Nachfolge der römischen Cäsaren, die als Christi Stellvertreter die göttliche Ordnung auf Erden verwirkliche. »Der heiligen römischen Kirche Schützer und Freund, der Verteidiger der Wahrheit, der Bannerträger der christlichen Religion, der gerechte Richter unter dem König der Könige, Hoffnung der Kirchen, gewisse Hoffnung des Reiches, Kaiser der Kaiser, Statthalter des Schöpfers«, nannte er ihn, »vom Himmel gesandt, kein Mensch von Fleisch«. Auch ein normannischer Anonymus setzte die königliche Herrschaft mit einer »Mitherrschaft« am Weltregiment Christi gleich, sodass der König zum »Abbild Gottes« wurde. Als Rechtfertigung für diese Überhöhung führte man die Königssalbung an, die den König aus der Schar der Laien heraushob und für jede andere Instanz außer Gott unangreifbar machte. Demnach konnte der König von keinem weltlichen Gericht abgeurteilt oder gar abgesetzt werden, auch nicht vom Papst. Die Salbung leitete dem normannischen Anonymus zufolge eine »Umwandlung« ein, in deren Folge der König an der göttlichen Natur Christi teilhabe und damit »geheiligt« sei. Der Herrscher erschien als der »Erlöser« des Erdkreises und fast schon als Verkörperung Gottes selbst. Folgerichtig nannte Friedrich Barbarossa im 12. Jahrhundert sein Reich »sacrum imperium« (heiliges Reich) und stellte der »sancta ecclesia«, der »heiligen Kirche«, damit etwas Gleichwertiges gegenüber. Trotz aller schönen Theorien war damit aber noch immer nicht das Problem gelöst, wer die Königs- und Kaiserwürde mitsamt der dazugehörigen sakralen Aura vermittelte – denn das waren nach wie vor die Bischöfe oder der Papst. Die Idee des Gottesgnadentums überdauerte zwar das Mittelalter und verlor zumindest gegenüber den Beherrschten seine Wirkung nicht so schnell, half den Königen in ihrem Streit mit dem Papsttum jedoch nur sehr begrenzt, da die bedeutungsvolle Frage, wer die Krone zu vergeben hatte, längst nicht entschieden war.

So blieb den königstreuen Denkern nichts anderes übrig, als zumindest die Gleichrangigkeit der beiden Universalgewalten zu betonen. Das geschah mit Hilfe der sogenannten Zweischwerterlehre, die auf eine Passage im Lukas-Evangelium zurückgeht und vom königlichen Notar Gottschalk von Aachen erstmals 1076 in die Diskussion eingeführt wurde. Vor seiner Verhaftung seien Jesus von seinen Jüngern zwei Schwerter angeboten worden, so der Evangelist Lukas, die dieser aber mit den Worten »Es ist genug!« zurückgewiesen habe. In der allegorischen Deutung standen die beiden Schwerter für die weltliche und die geistliche Macht. Gottschalk von Aachen folgerte daraus, dass beide Schwerter von Gott stammten und gleichermaßen zur Führung der Christenheit bestimmt seien. Das geistliche Schwert käme den Priestern zu, die damit das Volk zum Gehorsam gegenüber dem König anhalten sollten, während das weltliche Schwert, das der König führt, als Schirm und Schutz der Kirche diene. Gottes Ordnung beruhe auf dem Zusammenwirken beider Schwerter.

Heinrich IV. forderte darauf aufbauend vom Papst die uneingeschränkte Autonomie im Bereich der weltlichen Herrschaft, doch konnte diese Autonomie im Umkehrschluss auch die Kirche für sich reklamieren, worauf die päpstlichen Reformanhänger auch gleich eifrig hinwiesen. Sie gingen sogar so weit, die Zweischwerterlehre zu ihren eigenen Gunsten zu interpretieren. Im 12. Jahrhundert vertraten der wortgewaltige Zisterzienser Bernhard von Clairvaux und Autoren seines Umfelds unter Berufung auf das Matthäus- und das Johannes-Evangelium die Ansicht, beide Schwerter stünden der Kirche zu. Christus habe im Garten Gethsemane ausdrücklich bejaht, dass die Apostel über beide Schwerter verfügten. Daher bestimme der Papst als Nachfolger Petri völlig rechtmäßig auch über den Gebrauch der weltlichen Gewalt: »Beide Schwerter, das geistliche und das weltliche gehören der Kirche, aber dieses soll für die Kirche, jenes hingegen von der Kirche hervorgeholt werden; jenes steht dem Priester zu, dieses der Hand des Ritters, aber durchaus auf Wink des Priesters und auf Befehl des Kaisers« – eine Idee, die in der Bulle »Unam sanctam« Bonifaz' VIII. wieder auftauchte, freilich unter Streichung des Zusatzes »auf Befehl des Kaisers«, was das Königtum endgültig zum Erfüllungsgehilfen der Kirche machte.

Die Entdeckung des römischen Rechts

Da die Bibel allein keine griffige Begründung für die königlichen Machtansprüche bot, gingen die Vordenker des Hofes dazu über, andere Legitimationsquellen zu erschließen wie etwa das römische Recht. Der italienische Jurist Petrus Crassus fertigte eine Verteidigungsschrift für Heinrich IV. an, in der er Grundsätze des römischen Erbrechts wiederbelebte, um die Unabsetzbarkeit des Saliers zu »beweisen«. Die kaiserliche Macht gründe nicht nur auf Waffengewalt, sondern auch auf einer durch Gesetze gewährleisteten Rechtsordnung, so der Gelehrte. Da Heinrich im juristischen Sinne – und zwar sowohl durch das Erbrecht als auch durch den faktischen Besitz – rechtmäßiger Inhaber der Königswürde sei, habe niemand das Recht, ihm dieses Eigentum einfach zu entziehen. Das Königtum sei seit langem im salischen Hause erblich und daher nicht anfechtbar. »Besitzt nicht König Heinrich das Königtum dem Recht und der Sache nach? Sein völlig legitimer Besitz hat den allergerechtesten Ursprung, wie der tiefe und ungestörte Reichsfrieden unter seinem Großvater, dem Kaiser Konrad seligen Angedenkens, bezeugt. Dieser hat mit demselben apostolischen Segen, mit dem er selbst das Reich empfangen hatte, seinem Sohne Heinrichs seligen Angedenkens die Nachfolge hinterlassen, und endlich kam das Reich durch gesetzliche Erbfolge vom Vater auf den Sohn an König Heinrich, und zwar mit demselben apostolischen Segen.« Dem Herrscher stehe es daher zu, seinen Nachfolger selbst zu bestimmen und gegen Widersacher vorzugehen. Damit erschloss Petrus Crassus auf der Grundlage des Majestätsrechts dem Königtum eine klare Handhabe gegen oppositionelle Bewegungen wie zum Beispiel die sächsischen Aufständischen. Ein anderer italienischer Jurist bemühte in seinen

Werken die römische »lex regia«, um die unantastbare Stellung des Königs herauszuarbeiten. Das Volk habe zwar das Recht, einen König zu wählen und ihm die Herrschaft zu übertragen, doch sei dies ein einmaliger Vorgang, der nicht wiederholt werden könne. Eine Absetzung des Königs sei unmöglich, da sich das Volk durch seine Entscheidung freiwillig untergeordnet habe.

Langfristig bot die Aufarbeitung des römischen Rechts für das Königtum die Möglichkeit, das Reich als rechtliche Körperschaft mit eigenen gesetzlichen Grundlagen zu begreifen und neben der Institution Kirche eigenständig fortzuentwickeln. Doch zur Zeit des Investiturstreits steckte die Rezeptionsarbeit noch in den Kinderschuhen, sodass es der kirchlichen Seite leicht fiel, Argumente zu ihren Gunsten zur Geltung zu bringen.

Die Ausarbeitung des Kirchenrechts

Alle wesentlichen Elemente, welche die Stellung des Papstes und die Unabhängigkeit der Kirche von der weltlichen Macht betonten, waren im frühen Kirchenrecht grundgelegt, mussten nur wiederbelebt oder neu formuliert und zugespitzt werden. Die Vorrangstellung des Bischofs von Rom innerhalb der Kirche, aber auch seine Binde- und Lösegewalt, seine Unantastbarkeit und sein kaisergleicher Rang waren schon früh formuliert worden. Bereits im 5. Jahrhundert hatte Papst Gelasius I. in einem Brief an den byzantinischen Kaiser Anastasios I. jede Einmischung der weltlichen Macht in Belange der Religion vehement zurückgewiesen. Er unterschied klar zwischen der Autorität der Bischöfe, die seiner Auffassung nach in allen dogmatischen Fragen die Entscheidungskompetenz besitzen, und der königlichen Gewalt, die sich ausschließlich auf den irdischen Bereich bezieht. »Zwei sind es nämlich, durch die an oberster Stelle diese Welt regiert wird: die geheiligte Autorität der Bischöfe und die kaiserliche Gewalt.« Der Kaiser nahm in diesem Konzept innerhalb der Christenheit zwar den höchsten weltlichen Rang ein und durfte den Gehorsam der Bischöfe einfordern, doch trugen die Bischöfe letztlich eine höhere Verantwortung, da sie vor dem Gericht Gottes auch für das Handeln der Herrscher Rechenschaft ablegen mussten. Die klare Trennung zwischen kirchlichen und weltlichen Kompetenzen und die generelle Überordnung des Geistlichen über alles Weltliche, die Gelasius damit formulierte, griff Gregor VII. während seiner Auseinandersetzung mit König Heinrich IV. dankbar auf. Er interpretierte die »gelasianische Zweigewaltenlehre« einfach um, indem er aus der Verantwortung der Bischöfe im Jenseits eine päpstliche Mahn- und Richtfunktion gegenüber Königen und Kaisern im Diesseits ableitete. Der Papst habe letztlich alles zu verantworten, was auf Erden geschehe und müsse daher seine seelsorgerische Pflicht auch gegenüber den Königen geltend machen. Zwar habe Gott die königliche und die apostolische Würde gleichermaßen zur Leitung der Welt bestimmt, doch überrage die priesterliche auf Grund ihrer sakramentalen Funktion die weltliche. Die Priester seien die »Väter und Lehrer« der Könige.

Der harsche Reformer Gregor wurde nicht müde, darauf hinzuweisen, welch sündhaften Ursprung das Königtum habe, das noch aus heidnischer Zeit stamme und mit Mord, Raub, Hinterlist und anderen Lastern eng verbunden sei. Die weltlichen Herrscher, mutmaßte der Papst, strebten nur nach Ehre und zeitlichem Gewinn und hingen damit eher dem Antichristen an. Mit dieser misstrauischen Sicht auf die Welt wusste sich Gregor mit dem Kirchenvater Augustinus einig, der im 4./5. Jahrhundert die weltliche Herrschaft ebenfalls als Ausgeburt der Sünde verstanden hatte, geprägt von Selbstsucht und Gewinnstreben. Eine Rettung vor der ewigen Verdammnis sah Augustinus nur darin, dass sich die irdischen Machthaber dem christlichen Wertekodex annäherten, wozu ihnen die Priester und Bischöfe verhelfen sollten. Gregor benutzte diverse Sprachbilder, um die Unterordnung der weltlichen Gewalt unter die geistliche gebührend herauszuarbeiten. Wie das minderwertige Blei zum wertvollen Gold, wie der silberne Mond zur alles überstrahlenden Sonne, wie die unsterbliche Seele zum vergänglichen Körper – so verhalte sich die weltliche zur geistlichen Macht.

Vor der Allmacht Gottes erschien die Herrschaft der Könige und Kaiser nur als Spreu und Asche. Die gregorianische Partei sah im Kaiser daher einen Laien ohne sakramentale Bedeutung, der seine Herrschaft von den Priestern verliehen bekam, die sie ihm bei Nichterfüllung seiner Pflichten auch wieder entziehen konnten. Der Regularkanoniker und Gelehrte Manegold von Lautenbach vertrat die extreme Auffassung, dass die königliche Macht überhaupt nur dazu da sei, die Kirche zu verteidigen und zu schützen und dass dem Königtum daher nur eine dienende Rolle zukomme. Es sei ein Amt, das weder auf natürlichem Vorrecht noch auf persönlichem Verdienst beruhe, und ein schlechter König könne sogar vertrieben werden wie ein schlechter Schweinehirt, denn »wenn ein Mann einem anderen gegen entsprechenden Lohn seine Schweine zu hüten anvertraut und wenn er dann feststellen muss, dass dieser Mann sie nicht hütet, sondern stiehlt, abschlachtet und verschwinden lässt, soll er ihn dann nicht, anstatt ihm den bedungenen Lohn nur vorzuenthalten, von der Herde, die zu hüten ist, schimpflich davonjagen?«

Für eine Stellvertretung Christi oder eine priesterliche Würde war in diesem Konzept für das Königtum selbstverständlich kein Raum mehr. »So sicher Kaisern und Königen für den Schutz und die Leitung des Reiches Treue und Ergebenheit zu erweisen ist, so sicher und gerecht ist es, ihnen Treue und Ergebenheit zu entziehen, wenn sie in tyrannische Gelüste verfallen«, folgerte Manegold. Der Amtscharakter des Königtums diente Gregor zur Begründung, den Gehorsam der gekrönten Häupter und ihre vollständige Unterordnung unter den Apostolischen Stuhl zu fordern, während bei notorischer Widerborstigkeit der Entzug der königlichen Würden drohte. Die Gehorsamsforderung ging so weit, dass sich Gregor einzelne Herrscher etwa der Normannen oder die Könige von Aragon sogar als Vasallen verpflichtete und von ihnen den Huldigungseid entgegennahm.

Mit dem Eingriff in das weltliche Machtgefüge zeigte sich mehr und mehr, dass das Papsttum auf dem besten Wege war, zu einem politischen Faktor zu werden. Zur Rechtfertigung dieser herausragenden Position stützten sich die Päpste auf eine ebenso alte wie unechte Urkunde, die sogenannte Konstantinische Schenkung, auf die im 11. Jahrhundert stärker zurückgegriffen wurde als je zuvor. Die Fälschung war etwa in der zweiten Hälfte des 8. Jahrhunderts im päpstlichen Umfeld entstanden, griff aber in ihrem Inhalt auf die Zeit Kaiser Konstantins des Großen, das

4. Jahrhundert, zurück. Der erste Teil des Dokuments schildert die Bekehrung Konstantins durch das Wirken der Apostelfürsten und des Papstes Silvester I., der zweite Teil beschreibt die Schenkungen und Ehrenvorrechte, die der frisch bekehrte Kaiser dem Papst zugestanden haben soll. Und diese hatten es in sich: Konstantin begründete die Verlegung des Regierungssitzes von Rom nach Konstantinopel mit dem Hinweis, der irdische Kaiser solle nicht dort residieren, wo der himmlische Kaiser seinen Sitz habe, und übertrug die Herrschaft über die Stadt Rom und die nicht genauer definierten »westlichen Provinzen« dem Papst. Als Oberhaupt der Kirche kam dem Papst kaiserlicher Rang zu, was sich darin zeigte, dass er eine eigene Kopfbedeckung trug, die später sogenannte Tiara, wie der Kaiser auf einem Schimmel reiten und von seinem weltlichen Pendant den Steigbügeldienst einfordern durfte. Der päpstliche Klerus wurde mit dem kaiserlichen Senat im Rang gleichgestellt, der Lateran als Papstresidenz zum »Kaiserpalast« umgedeutet und als »palatium« bezeichnet.

Obwohl das Dokument ursprünglich dazu diente, die päpstliche Herrschaft über Italien und das damit notwendig gewordene Ausscheren des westlichen Reichsteils aus dem byzantinischen Reichsverband zu rechtfertigen, eignete es sich doch auch hervorragend dazu, die Dominanz des Papsttums über das Königtum zu untermauern: So konnte Gregor VII. in seinem »Dictatus papae« schwungvoll die Benützung kaiserlicher Insignien und die Vollmacht zur Absetzung des Kaisers fordern, da dem Papst nach dem Wortlaut der Konstantinischen Schenkung ja selbst kaiserlicher Rang zustand. Auch der gelehrte Petrus Damiani griff auf diese Urkunde, die erst im 15. Jahrhundert wissenschaftlich als Fälschung entlarvt wurde, zurück, als es darum ging, königliche Eingriffe bei den Papstwahlen auszuschließen. Kaiser Konstantin habe dem Papst unmissverständlich den Vorrang vor allen Kirchen der Welt eingeräumt und die Herrschaft über Rom überlassen, sodass der König kein Mitspracherecht in Angelegenheiten der Kirche fordern dürfe, argumentierte der Theologe: »Weshalb soll denn ein Papst nicht gewählt werden dürfen ohne den Willen dessen, der dort ohnehin gar keine Gewalt hat?« Nicht zuletzt konnte mit diesem Textstück die weltliche Herrschaft des Papstes in Italien begründet werden, was dem Aufbau des Kirchenstaates zugute kam. Die von Konstantin geschenkten Gebiete sind in der Urkunde zwar nicht genauer genannt, doch ließen sich mit ihr zumindest nominell Herrschaftsrechte legitimieren.

Der Ausbildung des kanonischen Rechts gab der Investiturstreit einen regelrechten Schub. Überzeugte Gregorianer wie Bischof Anselm von Lucca, Bonizo von Sutri oder Kardinal Deusdedit gaben Kirchenrechtssammlungen heraus, in denen sie den Primat des Papstes und seine Lehr- und Entscheidungshoheit gebührend herausstrichen. Denn anders als bei den traditionellen Kompilationen nahmen die reformorientierten Autoren in ihre Werke auch die Stellungnahmen zeitgenössischer Päpste zu bestimmten Einzelfragen auf, sodass diese als Quelle des Rechts deutlich in Erscheinung traten. Die päpstlichen Einzelfallentscheidungen, Dekretalen genannt, wurden zwar schon in früheren Jahrhunderten gesammelt, da sie Grundsatzcharakter besaßen, doch nun erschloss sich das Papsttum mit der Erteilung von Dispensen eine Fülle neuer Möglichkeiten, das religiöse Leben der Christen unmittelbar zu bestimmen und sich selbst als oberster Gesetzgeber der Kirche zu etablieren. Dispense mussten für viele alltägliche Normabweichungen beantragt werden. Sie betrafen unter anderem Fragen der unehelichen Geburt, der Eheauflösung, der Beseitigung von Ehehindernissen wie zu naher Verwandtschaft oder der Aufhebung von Kirchenstrafen. Als besonders fleißiger Sammler erwies sich der bereits erwähnte Bischof Ivo von Chartres, der im ausgehenden 11. Jahrhundert mit drei umfangreichen Werken die erfolgreichsten systematischen Kirchenrechtssammlungen schuf, wobei er Ausnahmefällen breiten Raum gab. Sie überstiegen in ihrer Zahl sogar die normativen Texte. In seinem Prolog erklärte Ivo, warum dies so war: Nach seinem eigenen Rechtsverständnis sollte das kanonische Recht flexibel und der Situation angemessen gehandhabt werden, sollten Mäßigung und Caritas allzu große Prinzipientreue verhindern helfen. Damit eröffnete er dem Kirchenrecht eine breite Entwicklungsmöglichkeit, die erst in den folgenden Jahrhunderten zum Tragen kam. Da das kanonische Recht nicht nur das innerkirchliche Leben, sondern auch Ehe- und Familienbelange regelte, das Schulwesen bestimmte und über das Bußwesen praktisch alle Bereiche des menschlichen Zusammenlebens erfasste, konnte es zum bestimmenden Faktor des Rechtslebens werden. Im 12. und vor allem im 13. Jahrhundert immer stärker ausdifferenziert, stieg es de facto zum öffentlichen Recht Europas auf und beeinflusste die Rechtskultur bis zum 19. Jahrhundert nachhaltig.

Die Schaffung einer ersten öffentlichen Meinung

Mit großer Leidenschaftlichkeit nahmen die Parteigänger der Kirche wie des Königs in zahlreichen Streitschriften Stellung zu den Grundsatzfragen ihrer Zeit. Insbesondere die Bannung des Königs und die Entbindung der Gefolgsleute von ihrem Treueid wurden kontrovers diskutiert, aber auch die Frage der Machtkontrolle, das Recht auf Widerstand und die Neuwahl eines Herrschers erregten die Gemüter aufs Heftigste. Insgesamt leitete der Investiturstreit einen mentalen Wandlungsprozess hin zu einer stärkeren Verrechtlichung vieler Lebensbereiche, zu einer Rationalisierung der Argumentation und nicht zuletzt zu einer neuen, an moralischen Grundsätzen ausgerichteten Bewertung von Politik ein. Der Kampf um die »rechte Ordnung« war dabei nicht nur eine Angelegenheit der Führungseliten, sondern zeigte ebenso Auswirkungen auf das Leben der einfachen Gläubigen, die unter gebannten Bischöfen lebten, den Bürgerkrieg ertrugen und nicht sicher waren, ob die Sakramente, die sie empfingen, Gültigkeit besaßen. Die scharfe Polemik des Bischofs Wilhelm von Utrecht, der von der Kanzel herab die päpstliche Politik und die Bannung Heinrichs IV. geißelte, sorgte verständlicherweise für Aufsehen unter seinen Pfarrkindern, wie auch sein überraschender Tod zu vielen Spekulationen Anlass gab. Vor allem waren es Reformmönche aus Hirsau, die predigend durchs Land zogen und dabei die Ideen der Gregorianer ins Volk trugen. Sie fanden harsche Worte gegen Priesterehe, Simonie und lose Sitten im Klerus und riefen die Gemeinden auf, Missstände in ihren Reihen nicht länger hinzunehmen. Unehrenhafte Kleriker sollten einfach vertrieben werden. Auch Gregor VII. selbst hielt 1074 und 1075 das Kirchenvolk dazu an, Messen von unwürdig lebenden Geistlichen zu boykottieren, was ihm bei seiner Absetzung wenig später als Aufruf zur Rebellion ausgelegt wurde. »Die Untergebenen hast du gegen die Vorgesetzten bewaffnet«, lautete der Vorwurf. In Mailand führte das Zusammentreffen von sozial- und kirchenreformerischen Kreisen sogar zu Handgreiflichkeiten gegen Kleriker, welche die hohen Anforderungen der Reformer nicht erfüllten. Auf verheiratete Priester wurde richtiggehend Jagd gemacht. Damit wurde erstmals eine breitere Öffentlichkeit in Auseinandersetzungen einbezogen, die dazu angehalten war, sich im Meinungsstreit zu positionieren. Der Kampf um die öffentliche Meinung war eröffnet.

+++ Thron und Altar, Staat und Kirche – ein Thema bis heute +++

Der Gang nach Canossa hat bis auf den heutigen Tag ein vielstimmiges Echo gefunden. Insbesondere die Bismarck-Zeit gab dem Geschehen eine von nationalen Tönen gefärbte Interpretation, die im sprichwörtlichen »Canossagang« als demütigender Geste in der kollektiven Erinnerung haften blieb. Dabei hatte der Grundsatzstreit durchaus positive Seiten: Kirche und Welt wurden in der öffentlichen Wahrnehmung stärker voneinander getrennt, Kaiser und Papst hielten sich gegenseitig in Schach, und die mächtigen Reichsfürsten kontrollierten die Zentralgewalt.

Der Konflikt schwelt weiter

»Ich lese wieder und wieder die Geschichte der römischen Könige und Kaiser. Doch finde ich vor Heinrich keinen Einzigen unter ihnen, der vom römischen Papst exkommuniziert oder abgesetzt worden wäre«, stöhnte der gelehrte Bischof Otto von Freising, als er um die Mitte des 12. Jahrhunderts daran ging, seine Weltchronik niederzuschreiben. Zu ungewöhnlich, zu neuartig erschienen ihm die Vorgänge rund um das Jahr 1077, die für seinen Großvater Heinrich IV. schließlich zur Katastrophe wurden. Wie sollte er die bislang einzigartige Machtprobe zwischen König und Papst beurteilen und in sein Gesamtwerk einbetten? Wie konnte er den Bruch zwischen den beiden Universalgewalten, der sich nie mehr so recht kitten ließ, seinen Lesern erklären? Der Stoßseufzer des Freisinger Bischofs mündete in blanken Pessimismus: Nun, da sich Kirche und Welt so weit auseinanderentwickelt haben, folgerte er, sei das Ende der Welt wohl nahe. Ein Sturmwind habe über das Jahrhundert gefegt und alles bislang Gewohnte zum Einsturz gebracht, das könne nur der Anfang vom Ende sein.

Wie der Geschichtsschreiber Otto mühten sich noch viele Generationen von Historikern an dem Geschehen in den kalten Wintertagen des Jahres 1077 ab. Da es keinen Präzedenzfall für die Absetzung eines Königs durch den Papst gab und im Burghof von Canossa auch nichts Rechtes entschieden wurde, bot sich genügend Spielraum für eigene Interpretationen je nach Perspektive des Autors. Die dramatischen Ereignisse aus der Salierzeit erfuhren folglich immer dann erhöhte Aufmerksamkeit, wenn das Verhältnis der beiden Universalgewalten wieder einmal denkbar schlecht war. Otto von Freising erlebte die Anfangsjahre der Herrschaft Friedrich Barbarossas, als sich der Konflikt zwischen Staufern und Papsttum bereits ankündigte. Schon bei einer ersten Begegnung zwischen dem Rotbart und Papst Hadrian IV. war es zu Irritationen um den symbolträchtigen Marschalldienst gekommen, den Barbarossa erst nach langem Zureden endlich vollzog. Mehr noch prallten die unterschiedlichen Positionen über die Vergabe der Kaiserkrone auf dem Reichstag zu Besançon 1157 aufeinander, als der kaiserliche Kanzler Rainald von Dassel ein

Schreiben des Papstes absichtlich falsch übersetzte und die Kaiserkrone mit einem päpstlichen »Lehen« verglich. Des ewigen Streits müde, kam Otto von Freising zu dem Resümee, dass wohl die Zeit des Investiturstreits Grund allen Übels sein müsse. Hier lag der vermutete Ausgangspunkt der völlig verhärteten Fronten zwischen den beiden Universalgewalten, und selbst der frömmste Bischof konnte da nicht umhin, das Ende der Zeiten auszurufen. Gemessen an den eigenen verworrenen Zuständen glänzte das Idealbild eines angeblich harmonischen Zusammenwirkens von Kaiser und Papsttum in frühmittelalterlich-ottonischer Vergangenheit umso strahlender. Ungeachtet der Tatsache, dass es ein uneigennütziges Verhältnis zwischen den beiden höchsten Repräsentanten der Christenheit auch in früheren Zeiten kaum jemals gegeben hat, erschien das 11. Jahrhundert, das sich scharf vom Vorbild früherer Epochen abhob, als Zäsur.

Neues Aufflackern in der Reformation

Die Welt war nach Canossa, so schien es wenigstens in der Rückschau, komplizierter und drückender geworden. Bis ans Ende des Mittelalters schwelte der Konflikt zwischen Kaisertum und Papsttum, je nach politischer Gesamtlage mal subtiler, mal handfester ausgetragen. Auch das Verhältnis des Königtums zu den aufstrebenden Territorialfürsten gestaltete sich schwieriger, da diese ihre Landesherrschaften festigten und ausbauten. Gleichzeitig wuchs die Kritik an der streng hierarchisierten Papstkirche mit ihren weltlichen Machtansprüchen und sorgte dafür, dass die Gemüter der Zeitgenossen, die zusätzlich noch mit sozialen und ökonomischen Problemen zu kämpfen hatten, nicht zur Ruhe kamen. Die vielfältigen Spannungen entluden sich schließlich in der Reformation. Und wiederum stand Canossa im Zentrum der Auseinandersetzung, geeignet, den Konflikt um eine »historische Dimension« zu erweitern. 1519 kramte der Humanist, Publizist und Reichsritter Ulrich von Hutten in der Klosterbibliothek von Fulda ein anonymes, titelloses Manuskript hervor, das wie geschaffen für den Kampf gegen das Papsttum erschien. Es war die gelehrte Verteidigungsschrift eines namenlosen Hersfelder Mönchs zugunsten Heinrichs IV., verfasst in den Jahren 1091 bis 1093, in der die Gottunmittelbarkeit der weltlichen Gewalt und ihre Unantastbarkeit durch die kirchliche herausgestrichen wurde, während als Quell allen Übels Gregor VII. erschien, der die Spaltung der Kirche betrieben habe, was nach Ansicht des Autors schlimmer als Götzendienst gewesen sei. Hutten frohlockte, stand er um diese Zeit doch gerade selbst in scharfer Auseinandersetzung mit dem politischen Papsttum. So gab er 1520 die umfangreiche Streitschrift »Liber de unitate ecclesiae conservanda« in Mainz heraus und konnte sich großer Resonanz sicher sein, denn das Werk fasst alle gegen die päpstliche Vormachtstellung gerichteten Argumente zusammen. Und Hutten legte nach. Um die gleiche Zeit veröffentlichte er eine Schrift des italienischen Humanisten Lorenzo Valla (zw. 1405/07–1457), in der dieser die Konstantinische Schenkung auf Grund philologischer Argumente als Fälschung entlarvt. Die Brisanz dieser Erkenntnis war zu Vallas Zeiten noch gar nicht recht wahrgenommen worden, und Valla selbst, der seit 1455 als Kuriensekretär amtierte, hatte kein Interesse, seine textkritischen Studien politisch auszudeuten. Dies blieb Ulrich von Hutten vorbehalten, der den Text gemeinsam mit einem polemischen Widmungsschreiben an Papst Leo X. veröffentlichte. Ohne den amtierenden Papst persönlich anzugreifen, richtete er doch schärfste Angriffe auf die Institution Kirche, die ihre weltliche Machtstellung auf Lug und Trug gründe und an der finanziellen Ausbeutung der Gläubigen mehr Interesse zeige als an deren Seelenheil. Huttens Veröffentlichungen fanden weite Verbreitung und sorgten für antipäpstliche Stimmung im Reich. Auch andere Forscher begannen sich dem Thema Canossa zu widmen, wie der bayerische Humanist Aventin, der die anonyme Lebensbeschreibung Heinrichs IV., die kurz nach dessen Tod entstanden war, herausgab. Diese Art von Publizistik rief natürlich auf der Gegenseite heftige Abwehrmaßnahmen hervor. Erschüttert stellte der italienische Kardinal und Kirchenhistoriker Cesare Baronio fest, dass durch solche Schmähschriften das Andenken des hochverehrten Papstes Gregor VII. völlig verdunkelt werde. Gemeinsam mit dem Erzbischof von Salerno bemühte er sich um die Heiligsprechung des streitbaren Papstes. 1578 wurde das längst vergessene Grab Gregors im Dom von Salerno wiedergefunden, und seine Gebeine wurden geborgen. Obwohl keine größeren Wundertaten von Gregor zu berichten waren und es auch keinen lokalen Kult um seine Person in Rom oder in Salerno gegeben hatte, kam Papst Paul V. dem Drängen der »Gregorianer« nach und sprach seinen Vorgänger 1606 heilig, wobei sein Gedenken zunächst auf Salerno und Sovana beschränkt blieb. Als Ausweis von Gregors Heiligkeit galt sein Briefregister, mit dem er sich als unbeirrbarer Streiter für die Kirchenbelange erwiesen hatte. Mit Gregor geriet auch seine treueste Parteigängerin Mathilde von Tuszien wieder in den Blick, deren Leichnam auf Anweisung Urbans VIII. aus der Grablege bei Mantua in den Petersdom überführt und 1634 in einem von Bernini geplanten prachtvollen Grabmal mit der Canossa-Szene beigesetzt wurde. Mit dem Wiedererstarken der katholischen Kirche nach der Zeit der Glaubenskämpfe erhielt die Gregor-Verehrung neuen Aufwind. 1728 ließ man Gregors Kult für die gesamte Kirche zu, was bei den absolutistischen katholischen Staaten höchste Proteste hervorrief. Kaiserin Maria Theresia hätte den Namen des ungeliebten Papstes, der die gekrönten Häupter in ihrem Machtanspruch offenbar noch rund siebenhundert Jahre nach seinem Tod herausforderte, am liebsten aus dem römischen Brevier gestrichen.

Bismarcks Sicht auf Canossa

Das Eisen war längst am Glühen, als das 19. Jahrhundert Canossa erneut als Kampfmotiv aufwärmte und zur gefürchteten Waffe im »Kulturkampf« gegen die katholische Kirche schmiedete. Am Amboss stand Reichskanzler Otto von Bismarck, der das Thema vom büßenden König im Schnee benutzte, um nationale Gefühle Funken schlagen zu lassen. Ihm war der Einfluss der romorientierten, politisch konservativen deutschen Katholiken, die sich in der Zentrumspartei organisierten, ein Dorn im Auge. In dem 1871 aus der Taufe gehobenen Kaiserreich preußisch-protestantischer Prägung schien für den politischen Katholizismus kein Platz mehr zu sein, und Bismarck schleifte denn auch in den kommenden Jahren die letzten Bastionen vermeintlicher Rückständigkeit, indem er die Zivilehe einführte, die geistliche Schulaufsicht untergrub und im berüchtigten »Kanzelparagraphen« allzu politischen Sonntagspredigern strafrechtliche Verfolgung androhte. In seiner wirkmächtigen Rede vom 14. Mai 1872 griff der Reichskanzler den Heiligen Stuhl, der seinen deutschen Gesandten am Vatikan abgelehnt hatte, scharf an und beruhigte gleichzeitig die aufgebrachten Parlamentarier mit den Worten: »Seien Sie außer Sorge, nach Canossa gehen wir nicht – weder körperlich noch geistig.« Damit gab Bismarck dem Canossagang eine äußerst negative Deutung, nämlich als Demütigung des stolzen deutschen Königtums vor einem anmaßend auftretenden Papsttum. Niemals sollte sich eine solche Szene wiederholen. Deutsche Patrioten nahmen das Thema denn auch sofort dankbar auf: Gedenkmünzen zu Bismarcks Reichstagsrede wurden geprägt, der in Eiseskälte büßende König wurde in Versen und Bildern immer und immer wieder beschworen, und zu guter Letzt errichtete man auf der Harzburg eine Canossa-Säule. Stets erschien die deutsche Ehre vor Canossa dahingeschmolzen wie Schnee in der Sonne. In Schulbüchern, Zeitschriften und Monumentalwerken wie den Historiengemälden in der frisch renovierten Kaiserpfalz zu Goslar war diese Sichtweise allgegenwärtig. Als 1877, auf dem Höhepunkt des Kulturkampfes, in der viel gelesenen Familienzeitschrift »Die Gartenlaube« ein grimmige Heinrich-Darstellung des Zeichners Hermann Plüddemann erschien, rief der preußische Kultusminister Adalbert Falk erregt: »Aus der Geschichte können wir freilich die Tatsache nicht löschen (...), aber uns noch malen zu lassen, al fresco, wie ein deutscher Kaiser (...) sich vor dem Papst im Büßergewande demütigt (...) – nein, da reißt denn doch die deutsche Geduld.« In der aufgepeitschten Stimmung kam indes niemand auf die Idee nachzuforschen, welche politischen Ungeschicklichkeiten Heinrich IV. eigentlich vor die Tore Canossas getrieben hatten. Die Möglichkeit, einen politisch unglücklich agierenden, gar willkürlich regierenden Monarchen vor sich zu haben, wollte man im wilhelminischen Kaiserreich vorsichtshalber nicht in Betracht ziehen. So blieb es bei der sehr einseitigen Sichtweise der deutschen Patrioten.

Die Canossasäule auf der Harzburg

An symbolträchtigem Ort, auf dem Burgberg von Bad Harzburg, hievten im Jahr 1877 »deutsche Männer und Frauen in Dankbarkeit und Zuversicht« eine 19 Meter hohe Säule aus weißem Granit in die Höhe. An der Stelle, an der König Heinrich IV. zum Ärger der Sachsen die imposante Harzburg als Sinnbild seiner Macht hatte errichten lassen, schwitzten nun deutsche Patrioten, um mit dem Denkmal zum 800. Jahrestag des Canossagangs ein bestimmtes Geschichtsbild für alle Zeiten in den Urgrund deutschen Bewusstseins zu rammen. Die schlichte Inschrift auf dem Obelisken verkündet: »Nach Canossa gehen wir nicht. Reichstagssitzung 14. Mai 1872«. Auf der anderen Seite der Säule prangt ein bronzenes Reliefporträt Bismarcks, der diese markigen Worte gesprochen hatte. Damit war die Botschaft des Monuments klar: So wie einst Heinrich IV. dem Papst die Stirn geboten und dadurch den Investiturstreit riskiert hatte, so mutig bekämpfte Bismarck als Reichskanzler nun die romhörigen Katholiken, die sog. Ultramontanen, um »deutsches Leben« gegen »römische Herrschsucht« zu verteidigen. Ebenso gerechtfertigt wie des Saliers Vorgehen gegen den starrköpfigen Gregor VII. war demnach Bismarcks Kulturkampf gegen die katholische Kirche und die Zentrumspartei.

Obwohl es einen himmelweiten Unterschied zwischen dem mittelalterlichen Heiligen Römischen Reich und dem von Bismarck geschmiedeten neuzeitlichen deutschen Kaiserreich gab, fiel diese einseitige Geschichtsbetrachtung auf fruchtbaren Boden. Das vom Sieg über Frankreich trunkene deutsche Bürgertum legte ein neues, der Hybris nahe kommendes Selbstbewusstsein an den Tag. Gedenkmünzen für Bismarcks Reichstagsrede zeigen eine kämpferische Germania mit Schwert und Bibel und einen sich eilig davonstehlenden Papst mit der Bannbulle im Arm. »Der Kaiser ist Herr im Reich und muss es bleiben!«, vermeldet die Umschrift auf der anderen Seite.

Canossa und die langfristigen Folgen

Emanzipation der Politik

Die moderne Geschichtsforschung hat Canossa längst von seinen nationalen Bezügen befreit und wieder in den Kontext des Mittelalters gestellt. Das Büßerritual erscheint als zeremonielle Handlung eingebettet in die Symbolsprache der Zeit und verliert damit seine ausschließlich negative, auf eine Demütigung des Königs zielende Stoßrichtung. Heinrichs Charakter und Regierungsstil trugen nach neuesten Erkenntnissen deutlich krisenhaftere Züge, als bislang vermutet, wodurch sein Anteil an der Verfahrenheit der Situation zunimmt. Das Bild des tapfer um seine Krone kämpfenden Königs gegen eine nach Universalherrschaft strebende Kirche hat Risse bekommen, denn die Fürstenopposition stand gegen ihn, lange bevor der Streit mit dem Papsttum ausbrach. Und der bisher als Hauptverantwortlicher für den Investiturstreit ausgemachte Gregor VII. wird in seinem Kampf um die Kirchenreform stärker in der Kontinuität seiner Vorgänger gesehen, sodass sein Starrsinn in etwas gemäßigterem Licht erscheint. In seiner Person fanden die seit Jahrhunderten ausgebildeten Normen des Kirchenrechts lediglich einen besonders konsequenten und unnachgiebigen Verfechter. Manche bewerten den Bußgang Heinrichs IV. daher sogar völlig neu, wie der Frankfurter Mediävist Johannes Fried, der ausgehend von einer neu justierten Datierung der Vorgänge um Canossa einen geschickten Ausgleichsversuch zwischen König und Papst an der Opposition vorbei sieht, besiegelt durch einen »Friedenspakt«, der allerdings am Widerstand der Fürsten und der oberitalienischen Bischöfe zerbrochen sei. Diese Deutung konnte sich bislang in der Forschung jedoch nicht durchsetzen, weil die Quellen und vor allem Gregors Aussagen selbst ein anderes Bild als das eines »Sieges der Vernunft« ergeben. Durch das drohende Schiedsgericht in Augsburg stand Heinrichs Herrschaft trotz der Absolution durch den Papst zur Disposition, sodass von einer friedlichen Beilegung des Konflikts wohl kaum ausgegangen werden kann. So bietet es sich an, den Blick in die weitere historische Ferne zu lenken, um den Folgen von Canossa auf die Spur zu kommen.

Die Grundsatzdebatte zwischen Königtum und Papsttum hatte schon den Zeitgenossen vor Augen geführt, dass eine reibungslose Zusammenarbeit der beiden Gewalten unter den veränderten Rahmenbedingungen des 11. Jahrhunderts nicht zu realisieren war. Mit der Ausarbeitung des kanonischen und des römischen Rechts erschlossen sich beide Seiten eigene Optionen zur Begründung ihres Herrschaftsanspruchs. Erstmals gewann das Königtum damit eine von der geistlichen Aura des Amtes unabhängige Legitimationsbasis. In einem langsamen und schwierigen Entwicklungsprozess begannen sich Kirche und weltliche Herrschaft voneinander zu lösen, und der nicht mehr auf göttlichen Ursprung zurückgeführte »Staat« seinen eigenen Regeln zu folgen. In den Schriften des italienischen Politikers, Philosophen und Dichters Niccolò Machiavelli (1469–1527) wurde eine an handfester Realpolitik orientierte, von ethischen Kategorien freie Herrschaftsausübung erstmals klar formuliert. Ein erfolgreicher Herrscher zeichnet sich nach Machiavelli nicht mehr durch die Einhaltung eines christlichen Tugendkatalogs aus, sondern durch die von ihm angewendeten, jeder Situation flexibel angepassten und durch ihre Raffinesse überzeugenden Methoden des Machterhalts. Für einen sündigen, vor dem Papst büßenden König war in diesem Konzept kein Platz mehr. Der erfolgreiche Herrscher schreckt auch vor dem Einsatz von Gewalt nicht zurück, um seine Position zu festigen oder seine politischen Vorstellungen durchzusetzen. Für den Machterhalt war nach Ansicht des Florentiners so ziemlich jedes Mittel erlaubt. Die Emanzipation der Politik von den moralischen Wertmaßstäben der Kirche ebnete in der Neuzeit dem säkularen Staat schließlich den Weg. Im Zeitalter der Glaubensspaltung war es noch weniger sinnvoll, Politik auf die Kriterien einer stark angefochtenen Kirche einzuschwören. Die vom Landesherrn bestimmte Konfession diente in erster Linie dem eigenen Machterhalt und folgte mehr politischem Kalkül als der Sorge um das Seelenheil der Untertanen. Der preußische König Friedrich der Große schließlich hatte im 18. Jahrhundert seine Herrschaft so weit von der religiös-kirchlichen Komponente entkoppelt, dass er seinen Bürgern höchstmögliche Toleranz zubilligen und jeden nach »seiner Façon« glücklich werden lassen konnte.

Föderale Ordnung

Mit dem Aufstieg der Territorialstaaten erhielt das Reich zudem eine föderale Struktur, die ein Erstarken der Zentralmacht bis zum Ende des alten Reiches 1806 erfolgreich verhinderte. Wie eng die dem Königtum gesetzten Grenzen waren, zeigt die Regierungszeit Kaiser Maximilians I. (1486–1519) am Ausgang des Mittelalters, als die Schwäche des Reiches eine Reform an »Haupt und Gliedern« gebot. Die zu Beginn von Maximilians Regierungszeit 1495 durchgeführte Reichsreform diente aber nicht etwa der Stärkung der königlichen Autorität, sondern institutionalisierte die Beteiligung der Stände an der Verwaltung des Gemeinwesens und engte den Spielraum des Königs im Reich weiter ein. Die Einrichtung eines jährlich einzuberufenden Reichstages, der alle Entscheidungen über Krieg und Frieden, über politische Bündnisse und die Höhe der Steuern beriet, machte den König abhängig vom Votum der drei Kollegien der Kurfürsten, Fürsten und Städte, die getrennt und ohne ihn tagten und ihre Beschlüsse nach dem Mehrheitsprinzip fassten. Die Etablierung eines ständisch besetzten Reichskammergerichts als höchste Appellationsinstanz im Reich, das die traditionelle Rolle des Königs als höchster Richter untergrub, verdeutlichte überdies, dass ohne die Mitwirkung der Reichsstände keine Regierungsarbeit mehr möglich war. Politik bestand fortan in einer mühseligen Suche nach dem Kompromiss. Alles, was die Zentralmacht hätte stärken können, wie zum Beispiel die ebenfalls auf dem Wormser Reichstag von 1495 beschlossene Erhebung eines »gemeinen Pfennigs«, einer Art Einkommenssteuer, die von jedem Erwachsenen im Reich zur Finanzierung des Reichskammergerichts und anderer gemeinsamer Aufgaben geleistet werden sollte, wurde von den Territorialherren wirkungsvoll torpediert. Ein Zugriff des Königs auf die finanziellen Ressourcen der Länder widersprach ihren Vorstellungen von Souveränität.

Wie wäre die Geschichte ohne Canossa verlaufen?

Wer sich an diesem Punkt an die Debatten im heutigen Bundesrat erinnert fühlt, liegt nicht ganz falsch. Während in anderen europäischen Staaten die Weichen in Richtung Absolutismus gestellt wurden, konnte die Zentralgewalt im Reich nur auf äußerst schwach ausgeprägte Strukturen zurückgreifen. Umso stärker verlagerte sich der Schwerpunkt der politischen Entwicklung in die Länder, die mehr und mehr ein Eigenbewusstsein ausbildeten, mit dem sich ihre Untertanen allmählich zu identifizieren begannen. Man fühlte sich als Bayer, Schwabe oder Sachse, weniger als Angehöriger eines Gesamtreiches, nicht zuletzt auch, weil man unter ganz unterschiedlichen Rechts- und Herrschaftsbedingungen lebte, die durch die konfessionelle Spaltung des Reiches noch zugenommen hatten. Die föderale Struktur des Reiches überdauerte denn auch die Zeiten und blieb bis heute ein Grundzug bundesdeutscher Verfassungswirklichkeit. Einfluss und Befindlichkeit der starken, auf eigene Gesetzgebungskompetenz bedachten Länder artikulieren sich heute eben im Bundesrat.

Es wäre eine reizvolle Angelegenheit, darüber zu diskutieren, wie die Geschichte ohne die Zäsur des Investiturstreits wohl weitergegangen wäre. Die berühmte Frage »Was wäre wenn …« drängt sich gerade bei der Machtprobe zwischen Kirche und »Staat« besonders deutlich in den Vordergrund, obwohl abschließende Antworten nicht zu erwarten sind. Aber wie hätte sich die abendländische Geschichte wohl entwickelt, wenn der durch den Grundsatzstreit in Gang gebrachte Säkularisierungsschub ausgeblieben wäre? Hätte sich ein »vergöttlichter« Kaiser mit nahezu unbegrenztem Handlungsspielraum etablieren können, der sich die Kirche gefügig macht? Wäre dann eine staatstragende Reichskirche als integraler Bestandteil des Staatsapparates und der politischen Ideologie ähnlich wie in Byzanz entstanden? Hätte eine Fürstenopposition überhaupt eine Chance gehabt, politische Mitsprache zu erkämpfen, wenn die Reihen von Kirche und Königtum geschlossen gewesen wären? Und welche Auswirkungen auf die Bildung einer freien Bürgergemeinde hätte es gehabt, wenn der Individualisierungs- und Rationalisierungsprozess des

11. Jahrhunderts ausgeblieben wäre? Wäre die Kultur der Renaissance mit ihrer Diesseitigkeit und ihrem neuen Lebensgefühl dann überhaupt möglich gewesen? Wer mag, kann sich in einem der vielen Internet-Geschichtsforen diesen Fragen widmen. Canossa ist auch heute noch eine Auseinandersetzung wert.

Anhang

Zeittafel

1024	bis 1125. Die Salier lenken die Geschicke des Reiches.
1033	Anselm von Canterbury geboren (gest. 1109). Theologe und Philosoph, »Vater« der mittelalterlichen Scholastik und Mystik. Kirchenlehrer. Erzbischof von Canterbury.
1046	Synoden von Sutri und Rom. Beginn der Kirchenreform unter Einfluss König Heinrichs III. – nominiert Clemens II. zum neuen Papst, dieser krönte ihn zum Kaiser.
1054	Morgenländisches Schisma. Trennung von lateinischer und orthodoxer Kirche. Bannbulle Papst Leos IX. gegen Patriarch Michael Kerullarios.
1056	Heinrich (IV.) aus dem Hause der Salier wird römischer König.
1057–59	Humbert, Kardinalbischof von Silva Candida seit 1051 schreibt die »Drei Bücher gegen die Simonisten«.
1059	Papstwahldekret der Ostersynode im Lateran: Grundlegung des Exklusivwahlrechts des Kardinalskollegiums.
1073	Regelwidrige Wahl Hildebrands zum Papst als Gregor VII.
1075	»Dictatus papae« – Papst Gregor VII. formuliert in 27 Leitsätzen seine Vorstellungen vom Primat der römischen Kirche (Bischofsinvestitur, Absetzung des Kaisers u. a.).
	Fastensynode in Rom. Verbot der Laieninvestitur.
1076	Heinrich IV. lässt durch die Reichssynode von Worms Papst Gregor absetzen; Gregor VII. bannt daraufhin den König und entbindet dessen Untertanen von ihrem Treueid.
1077	25. Januar: König Heinrichs IV. im inneren Mauerring von Canossa – der Papst löst den Bann.

	15. März in Forchheim: Fürstenopposition wählt den schwäbischen Herzog Rudolf von Rheinfelden zum Gegenkönig.
1080	Gregor VII. bannt Heinrich IV. erneut; der König lässt den Papst absetzen und Erzbischof Wibert von Ravenna als Clemens III. zum Gegenpapst wählen.
1084	Papst Clemens III. krönt Heinrich IV. in Rom zum Kaiser.
um 1090/91	Bernhard von Clairvaux geboren (gest. 1153). Brachte den Zisterzienserorden zu großer Blüte (nach ihm auch Bernhardiner genannt). Rief zum 2. Kreuzzug auf. Bedeutender Abt, Theologe und Kirchenlehrer.
1096–99	1. Kreuzzug. Gründung von Kreuzfahrerstaaten (Grafschaften Edessa, Fürstentum Antiochia, Grafschaft Tripolis). 15. Juli 1099 Eroberung von Jerusalem, Blutbad unter der muslimischen und jüdischen Bevölkerung.
1098	Heinrich IV. lässt seinen Sohn Konrad als Gegenkönig ächten und seinen anderen Sohn Heinrich (V.) zum König wählen. Gründung von Kloster Cîteaux – Entstehung des Zisterzienserordens. Hildegard von Bingen geboren (gest. 1179).
1104	Heinrich V. erhebt sich gegen seinen Vater Heinrich IV.
1105	Heinrich IV. dankt gezwungenermaßen ab und stirbt 1106.
1107	Der englische König verzichtet auf die Investitur mit Ring und Stab.
1111	Heinrich IV. wird nach der Lösung vom Bann im Dom zu Speyer bestattet. Heinrich V. erzwingt von Papst Paschalis II. die Kaiserkrönung.
1115/16	Ivo von Chartres, Theologe und Kirchenrechtler, gestorben. Seit 1090 Bischof von Chartres, vermittelte er im Investiturstreit. Bahnte durch die Unterscheidung zwischen den Spiritualien und den Temporalien des

Bischofsamtes – geistlichem Amt bzw. weltlicher Herrschaft – den Weg zu einem Kompromiss.

1122 Wormser Konkordat: Vereinbarung zwischen Kaiser Heinrich V. und Papst Calixtus II. – der König/Kaiser verzichtet auf die Investitur mit Ring und Stab, darf aber gewählte Bischöfe und Äbte mit einem Zepter mit den Regalien belehnen. Beilegung des Investiturstreits.

1123 Laterankonzil (Lateranum I): bestätigt das Wormser Konkordat, erneuert Verordnungen der gregorianischen Reform.

1302 Bulle »Unam sanctam« Papst Bonifaz' VIII. – formuliert den Anspruch des Papsttums auf Weltherrschaft.

1338 Rechtsspruch des Kurvereins von Rhense: Königswahl durch Mehrheitsbeschluss der Kurfürsten, päpstliche Bestätigung nicht nötig.

1356 »Goldene Bulle« Kaiser Karls IV.: regelte endgültig die Königswahl durch die sieben Kurfürsten.

Die Päpste im Zeitalter des Investiturstreits

Stephan IX. (X.) (1057/58)

Friedrich von Lothringen, Bruder Herzog Gottfrieds III. von Lothringen; ab 1050 in Rom, weilte 1054 mit Humbert von Silva Candida als päpstlicher Gesandter in Konstantinopel, um Spaltung zwischen Ost- und Westkirche (Morgenländisches Schisma) abzuwenden, was misslang. Früher Vertreter der gregorianischen Reform, politisch maßvoll.

Benedikt X. (1058/59)

Johannes, Römer; Bischof von Velletri, unkorrekte Wahl zum Papst, gefördert vom römischen Adel; von der Reformpartei abgesetzt.

Nikolaus II. (1059–61)

Gerhard; von der Reformpartei (Hildebrand, später Papst Gregor VII., und Humbert von Silva Candida) gegen Benedikt X. gewählt, der dann abgesetzt wurde. Verbot Priesterehe und Simonie, beschränkte das Eigenkirchenrecht; erließ 1059 ein Papstwahldekret zu Gunsten der Kardinäle, kaiserliches Bestätigungsrecht noch erwähnt.

Alexander II. (1061–73)

Anselm; ohne deutsche Mitsprache zum Papst erhoben. Stark beeinflusst von Hildebrand (später Gregor VII.), wirkte er im Sinne der Kirchenreform, u.a. gegen die Laieninvestitur; war dabei mit den Normannen und einer revolutionären Volksbewegung in der Lombardei, die u.a. gegen Priesterehe und Simonie kämpfte, verbunden: der Pataria.

Gregor VII. (1073–85)

Hildebrand; Kanoniker. Ab 1059 Archidiakon in Rom. Formlos zum Papst erhoben unter Missachtung des Dekrets von 1059. Schroffer Protagonist der nach ihm benannten Reform. Formulierte im »Dictatus papae« (1075) seine Auffassungen, die er im Investiturstreit durchzusetzen suchte. Auseinandersetzung mit König Heinrich IV. Starb in der Verbannung in Salerno. Einer der mächtigsten Päpste der gesamten Kirchengeschichte, bedeutende Gestalt des Mittelalters, sein Pontifikat markiert einen epochalen Wendepunkt. Heilig gesprochen.

Clemens (III.) (1084 (nominiert 1080, inthronisiert 1084) –1100)

Wibert von Ravenna; Gegenpapst. Seit 1054 am deutschen Königshof, Kanzler Heinrichs IV. für Italien, seit 1072 Erzbischof von Ravenna. Von Gregor VII. 1076 gebannt. Heinrich IV. erhob ihn 1080 zum Gegenpapst und ließ sich von ihm 1084 in Rom zum Kaiser krönen.

Viktor III. (1086/87)

Daufari, Ordensname Desiderius; aus langobardischem Herzogshaus, Benediktiner, seit 1058 Abt von Montecassino, Kardinal ab 1059. Reformanhänger, Nachfolger Gregors VII., moderater als dieser. Erneuerte die Bannung Heinrichs IV. durch Gregor VII. nicht. Selig gesprochen.

Urban II. (1088–99)

Odo von Châtillon oder Lagery; Schüler Brunos von Köln in Reims, später Mönch in Cluny und seit 1084 Kardinalbischof von Ostia. 1084/85 Legat Gregors VII. In Deutschland. Brachte die gregorianische Reform voran und milderte die Gegensätze zwischen den Kontrahenten. 1095 Aufruf zum 1. Kreuzzug auf. Selig gesprochen.

Paschalis II. (1099–1118)

Beendete den Investiturstreit in England und Frankreich. Unterstützte König Heinrich V. gegen seinen Vater und verhandelte mit ihm. Krönt 1111 Heinrich V. unter Zwang zum Kaiser.

Gelasius II. (1118/19)

Johannes von Gaeta; Abt von Montecassino. Im Investiturstreit gemäßigt; vor Heinrich V. geflohen, bannte diesen und den Gegenpapst Gregor VIII.

Calixtus II. (1119–24)

Guido. 1088 Erzbischof von Vienne, dort 1119 zum Papst erhoben. Besiegte 1121 Gregor VIII. (Gegenpapst) in Rom. Beendete mit dem Wormser Konkordat 1122 den Investiturstreit. 1123 Einberufung des ersten abendländischen Konzils (I. Laterankonzil).

Die Salier im Überblick

Konrad II. (um 990–1039)
König 1024, Kaiser 1027 – Begründer der salischen Kaiserdynastie

Verheiratet mit Gisela (deren 3. Ehe),
Tochter Herzog Hermanns II. von Schwaben und
Gerbergas, Schwester König Rudolfs II. von Burgund

|

Heinrich III. (1017–1056)
König 1039 (Wahl 1028),
Kaiser 1046
Herzog von Bayern 1027,
Herzog von Schwaben 1038
König von Burgund 1038

Ernst II. (um 1007–1030)
Herzog von Schwaben 1015 bis nach 1027
Sohn der Gisela aus 2. Ehe mit Herzog Ernst I. von Schwaben
Gegner seines Stiefvaters Konrad

Verheiratet in zweiter Ehe mit Agnes von Poitou

|

Heinrich IV. (1050–1106)
König 1056, Kaiser 1084

Verheiratet in erster Ehe
mit Bertha von Turin

Mathilde (gest. 1060),
verheiratet mit

Rudolf von Rheinfelden
Herzog von Schwaben 1057–77
Gegenkönig 1077–80

Verheiratet in zweiter Ehe mit Adelheid, Schwester von Heinrichs IV. Ehefrau Berta

|

Konrad (1074–1101)
Mitkönig 1087–98
Lombardischer König 1093

Heinrich V. (1086–1125)
König 1106, Kaiser 1111
Letzter Salier

Quellen und Literatur

Quellen

Robinson, Ian Stuart (Hrsg.): Bertholds und Bernolds Chroniken (Ausgewählte Quellen zur deutschen Geschichte des Mittelalters, Freiherr vom Stein-Gedächtnisausgabe Bd. 14). Darmstadt 2002

Schmale, Franz-Josef (Hrsg.): Quellen zum Investiturstreit, Teil 1: Ausgewählte Briefe Papst Gregors VII. (Ausgewählte Quellen zur deutschen Geschichte des Mittelalters, Freiherr vom Stein-Gedächtnisausgabe, Bd. 12a) Darmstadt 1978

Schmale-Ott, Irene (Hrsg.): Quellen zum Investiturstreit, Teil 2: Schriften über den Streit zwischen Regnum und Sacerdotium (Ausgewählte Quellen zur deutschen Geschichte des Mittelalters, Freiherr vom Stein-Gedächtnisausgabe, Bd. 12b). Darmstadt 1984

Schmidt, Adolf (Hrsg.): Lampert von Hersfeld. Annalen (Ausgewählte Quellen zur deutschen Geschichte des Mittelalters, Freiherr vom Stein-Gedächtnisausgabe, Bd. 13). Darmstadt 1973

Literatur

Althoff, Gerd: Heinrich IV., Darmstadt 2008

Ders.: Die Macht der Rituale. Symbolik und Herrschaft im Mittelalter, Darmstadt 2003

Blumenthal, Uta-Renate: Gregor VII. Papst zwischen Canossa und Kirchenreform. Darmstadt 2001

Erkens, Franz-Reiner: Herrschersakralität im Mittelalter. Von den Anfängen bis zum Investiturstreit. Stuttgart 2006

Fried, Johannes: Das Mittelalter. Geschichte und Kultur. München 2008

Fuhrmann, Horst: Die Päpste. Von Petrus zu Benedikt XVI. München 2005

Fumagalli, Vito: Mathilde von Canossa. Berlin 1998

Goez, Elke: Papsttum und Kaisertum im Mittelalter. Darmstadt 2009

Goez, Werner: Kirchenreform und Investiturstreit 910–1122. Stuttgart 2000

Hartmann, Wilfried: Der Investiturstreit. München 2007

Kaufhold, Martin: Wendepunkte des Mittelalters. Von der Kaiserkrönung Karls des Großen bis zur Entdeckung Amerikas. Ostfildern 2004

Laudage, Johannes: Gregorianische Reform und Investiturstreit. Darmstadt 1993

Ders.: Die Salier. Das erste deutsche Königshaus. München 2006

Melville, Gert/Staub, Martial (Hrsg.): Enzyklopädie des Mittelalters, 2 Bde. Darmstadt 2008

Schimmelpfennig, Bernhard: Das Papsttum. Grundzüge seiner Geschichte von der Antike bis zur Renaissance. Darmstadt 1987

Schneidmüller, Bernd: Die Kaiser des Mittelalters. Von Karl dem Großen bis Maximilian. München 2006

Ders./Weinfurter, Stefan (Hrsg.): Salisches Kaisertum und neues Europa. Die Zeit Heinrichs IV. und Heinrich V. Darmstadt 2007

Stollberg-Rilinger, Barbara: Das Heilige Römische Reich Deutscher Nation. Vom Ende des Mittelalters bis 1806. München 2006

Struve, Tilmann: Salierzeit im Wandel: Zur Geschichte Heinrichs IV. und des Investiturstreites. Köln 2006

Weinfurter, Stefan: Canossa. Die Entzauberung der Welt. München 2006

Ders.: Das Reich im Mittelalter. Kleine deutsche Geschichte von 500 bis 1500. München 2008

Ders. (Hrsg.): Die Salier und das Reich, 3 Bde. Sigmaringen 1992

Personenregister

Ortsregister